英語ではじめる ちょこっと日記

神林サリー

永岡書店

The first step is alway

手帳に英語日記でワクワク 英語も人生もワンランクアップ！

「書く」のは楽しいアウトプット

そもそも私自身、英語を書くことが大好きで、**メモも手帳も日記もすべて英語**で書いてきました。最初は趣味でしたが、やがてブログを書いてメルマガを発行し、記事を連載して、本を出版して……。毎日英語を書くことから、仕事がうまくいき、素晴らしい出会いがあり、自分でも知らなかった自分に会うこともできて、人生がぐんと広がりました。そんな**英語のライティングの楽しさ**を伝えるために、この本をあなたに贈ります。「書く」というのは、英語学習の中でも楽しいアウトプットです。日本語でも日記を書いたことがない方は、何を書いていいかわからないと思うかもしれません。英語初心者には、ハードルが高い気もするでしょう。そこはどんな人でも楽しく続けられるアイディアやコツが、たくさんあります。

「手帳」にちょこっと書く

立派な日記帳を買えば、長続きするとは限りません。むしろ、毎日の習慣にするコツは、**身近にあって毎日使うスケジュール手帳に日記を書く**ことです。いきなり、たくさん書く必要なんてないのです。毎日の天気でもいいし、自分の好きなテーマで書くのもよし。その日あったいいことを一行日記でつづるのもいいでしょう。日々の「ちょこっと手帳日記」が後々、自分の人生を変えることになるかもしれません。

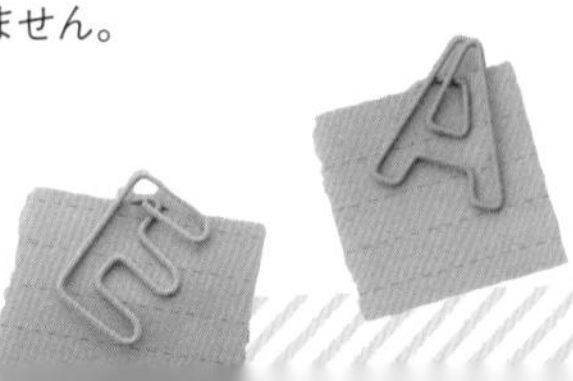

he hardest!

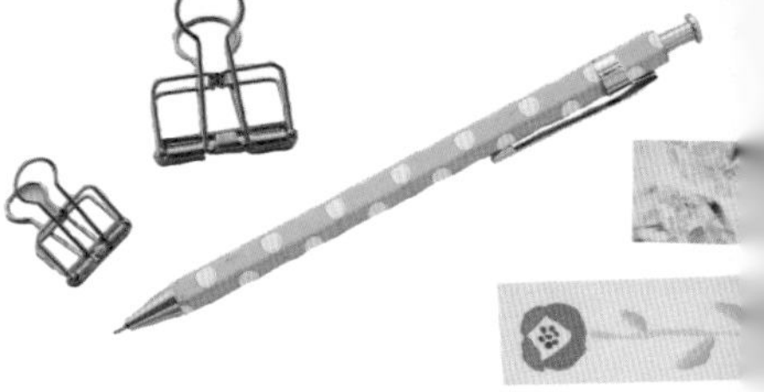

楽しくワクワク「自分のため」だけの英語日記

なかでも、手帳に書く一番のメリットは、**自分のためだけに書ける**ことです。間違えても気にしない！完璧主義も引っ込めて。英語日記の目的は、正しく書くことではなく、**英語を楽しく日々使うアウトプットの機会を作る**こと。そして、ライティングから**英語の発信力**を上達させることです。得られるものは、英語の上達だけではありません。心にある思いを言語化し、目標やビジョンを英語で書くことで、自分を見つめ直す機会にもなり、望む人生を手に入れることも可能にします。

続けるコツは「ノールール」。自由に楽しく！

こうしなきゃいけないというルールは、いっさいありません。自分にルールを課すと、それに縛られて面倒になったりするものです。書けない日があってもOK。「ちょこっとやってみよう」が毎日に変化を生むので、**キーワードは自由に楽しく**です。

「英語手帳日記タイム」のススメ

どんなに忙しいときも、私は手帳タイムを取ります。お気に入りの場所で、短時間でも手帳を整理する時間を大切にすると、自分を見つめ直す機会にもなります。ぜひ、英語手帳&日記タイムを作ってみてください。あなたの英語と楽しい未来を心から応援しています！

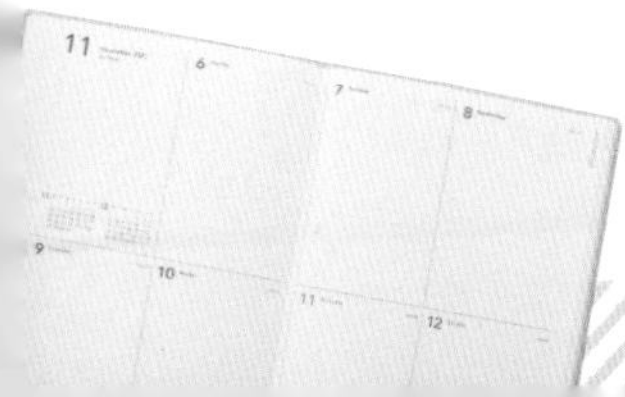

Sally Kanbayashi

contents

part1

すぐ書ける感情表現で、英会話にも使える!

＼＼ 感情テーマ別 ／／

ひとことコメント集

part2

知っていると断然、スラスラ書ける!

＼＼ Sally式 ／／

日本語変換トレーニング&基本フレーズ10

part3

特別ではない、毎日のくり返しがポイント!

＼＼ シチュエーション別 ／／

日常生活の日記を書こう

英語でもっといろいろな日記を楽しもう!

手帳日記のほかにも！ ちょこっと英語の活用法

part4

書いてから、何度も読み返すとミラクルが!

Sally式

夢叶え日記を書こう

part5

興味があるだけ続く! 覚える!

テーマ別

好きなことの日記を書こう

Sally's column

そのまま使える

英語のメッセージカードテンプレート集

今日からスタート!

英語でちょこっと日記を始めよう

手帳といえば、まずはスケジュール帳。
余白にちょこっと今日の出来事や感想を英語で書いてみて。
好きなことを書くだけで、英語のボキャブラリーが増えていきます。

この手帳の詳細は
・英語でちょこっと日記
キホンの書き方2
ウィークリー手帳で ⇨ P.10～

予定も英語で
書けば
ネイティブ気分!

この本では…
初心者にも手帳に「英語で日記を書くこと」に親しんでもらうために、大文字・小文字の使い分け、冠詞、前置詞、ピリオドなどを一部、簡略化しています。
また、恋愛については便宜上、異性を対象としています。ご了承ください。

英語でちょこっと日記

キホンの書き方1

Let's try!

Monthly

マンスリー手帳で

英語ビギナーにおすすめなのがこちら！ マンスリータイプの手帳にメモ感覚でちょこっと日記を。マス目が小さいから、気軽に楽しめて、しっかり英語力もつきます。

writing points

予定・用事も英語で書く

たとえば **English lesson**（英語のレッスン）など、基本的に予定・用事の英単語をずばりと書けばOK。文章にする場合も、主語は省略して簡単に書きます。

ここを参考に

・シンプルな予定の書き方 ➪ P.32

コメントは吹き出しやデコで目立たせて

writing points

その日の予定に ひとことコメントを書く

予定をその日のトピックとして、吹き出しなどで感想コメントを。たくさん書きたくても、あえて「ひとこと」で書くのがコツ！　英会話でも役立つ感情表現が覚えられます。

ここを参考に

- Part1 感情テーマ別 ひとことコメント集 ➩ P.18～

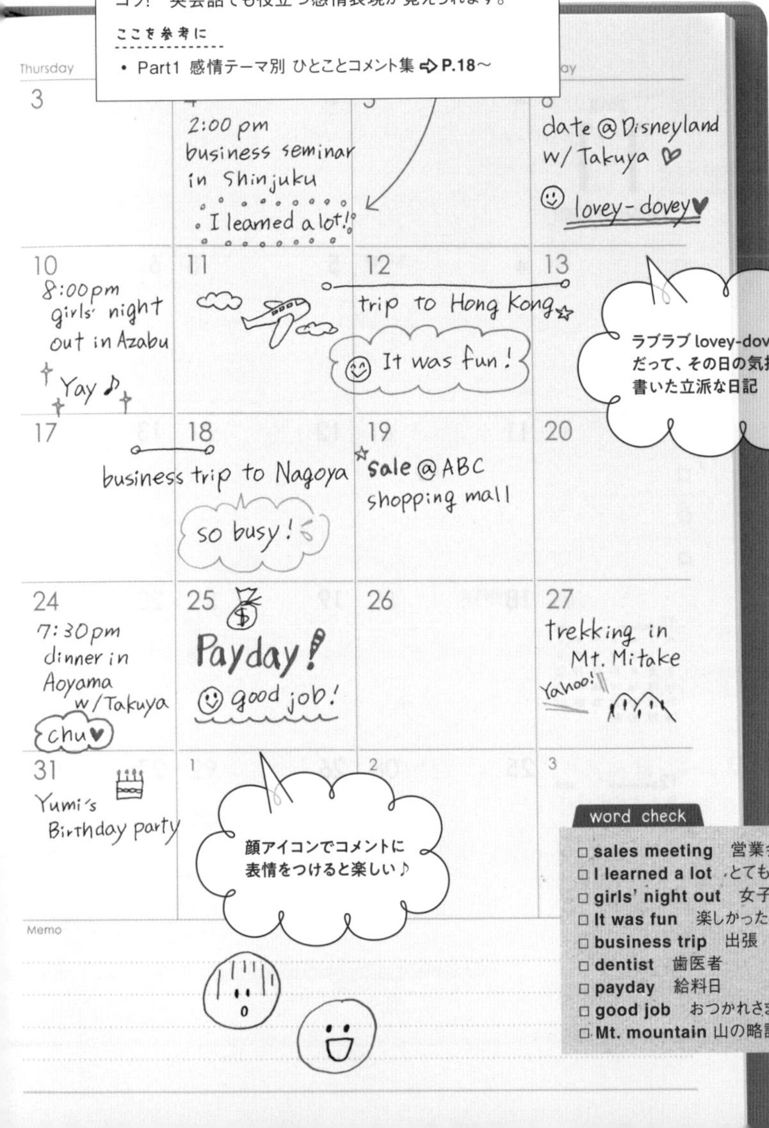

ラブラブ lovey-dovey♡だって、その日の気持ちを書いた立派な日記

顔アイコンでコメントに表情をつけると楽しい♪

word check

- □ **sales meeting**　営業会議
- □ **I learned a lot**　とても勉強になった
- □ **girls' night out**　女子会
- □ **It was fun**　楽しかった～
- □ **business trip**　出張
- □ **dentist**　歯医者
- □ **payday**　給料日
- □ **good job**　おつかれさま
- □ **Mt. mountain**　山の略語

英語でちょこっと日記

キホンの書き方2

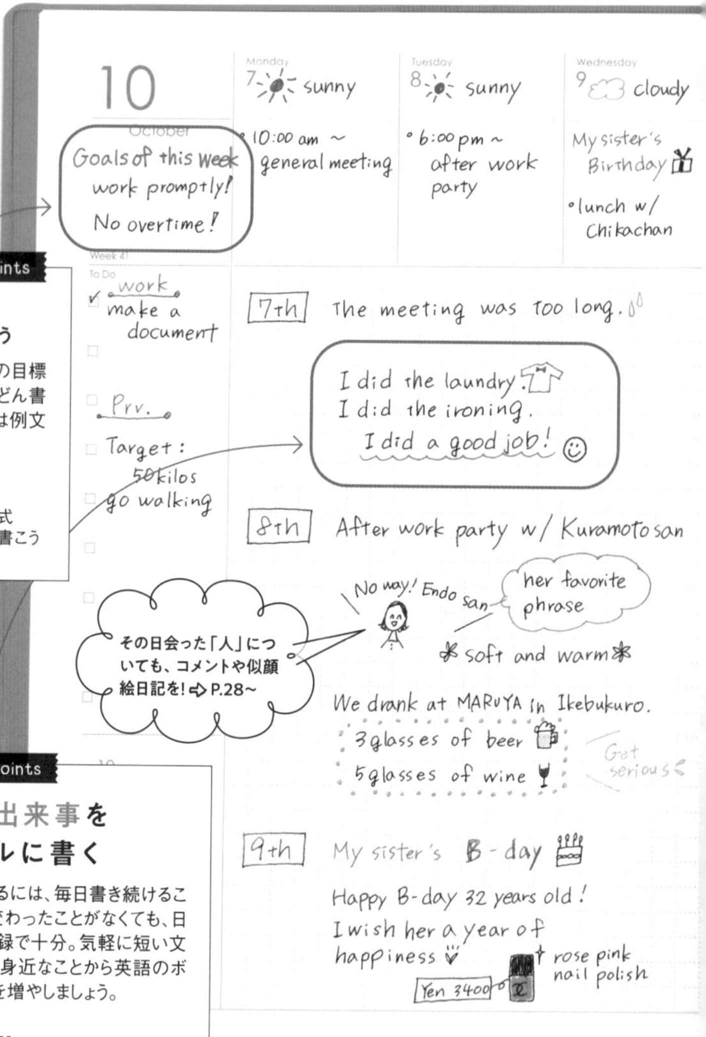

その日会った「人」についても、コメントや似顔絵日記を! ➪P.28～

writing points

目標も英語で書こう

週ごと、月ごとの目標も、英語でどんどん書いてみて。まずは例文を参考にして!

ここを参考に

• Part4 Sally式夢叶え日記を書こう ➪P.80～

writing points

日常の出来事をシンプルに書く

英語に慣れるには、毎日書き続けることが肝心。変わったことがなくても、日常生活の記録で十分。気軽に短い文で書き続け、身近なことから英語のボキャブラリーを増やしましょう。

ここを参考に

• Part3 シチュエーション別日常生活の日記を書こう ➪P.50～

Weekly

ウィークリー手帳で

ウィークリータイプの手帳に、いざ日記を書いてみましょう。ただし、短い文で書くことが基本。予定の余白にちょこっと書ける3行くらいが目安です。

天気や体調の記録もおすすめ ➪ P.12〜

Thursday 10 sunny	Friday 11 rain in the evening	Saturday 12 cloudy
◦ 10:00 am 〜 presentation ◦ 2:00 pm 〜 meeting w/ Yamazakisan	◦ 2:00 pm 〜 meeting w/ Kojimasan ↓ SH	picnic w/ Ko chan ♡

10th meeting w/ Yamazaki san
He gave me a nice gift.
Guess what? It was a cake from Senbikiya.

Yummy♡
There was melon inside of the cake.

11th I got lost … I was five minutes late.
But, our meeting went well.
All's well that ends well.
I liked 10 times on Facebook today.
Honestly, I was tired.

予定の書き方はP.32を参考に

12th I went to Okutama with Ko chan ✓
I took a hot spring. I wanna go there again!
News Flash!
Japanese team qualified for the World cup! (soccer)
Japan VS Australia
1 all
I got so excited!

13th

writing points

定番フレーズで簡潔に

長く書くほど、単語や文法でつまずきがち。1行めにその日一番の出来事をシンプルな表現で書き、それにフォーカスして短くまとめてみて。

ここを参考に

- Part2 Sally式 日本語変換トレーニング&基本フレーズ10 ➪ P.34〜

word check

- □ **Goal(s) of this week** 今週の目標
- □ **work promptly** テキパキ仕事をする
- □ **No overtime** 残業はしない
- □ **make a document** 資料作成
- □ **Prv.** プライベート(privateの略)
- □ **SH** 直帰(Go straight homeの略 / 造語)
- □ **After work party** 仕事の打ち上げ
- □ **No way!** ありえない
- □ **qualified** 資格を得た
- □ **Yummy** おいしかった〜

毎日の英語日記に使える!

天気&体調の単語アイコン集

手帳の日付まわりに、その日の天気や体調を
ちょこっとメモ。アイコンと英単語をいっしょに書いて。
イメージが湧いて覚えやすくなります。

天気のアイコン

very fine
快晴

sunny
晴れ

sun shower
お天気雨

rainbow
虹

rainy
雨

heavy rain
大雨(どしゃぶり)

顔の表情で雨や
風の強さなどを
表しても!

stormy
暴風雨

cloudy
曇り

typhoon
台風

thunder
雷

tornado
竜巻

雪だるまの大小や
溶けかけなどで
積雪具合を
表すと楽しい

snowy
雪

blizzard
吹雪

foggy
霧

warm
暖かい

cool
涼しい

cold
寒い

ultraviolet advisory
紫外線注意報

pollen forecast
(heavy / light)
花粉予報(強／弱)

winter wind
木枯らし

earthquake
地震

震度によってまわりの
波線の大きさや
細かさを変えてみて

こちらも
check!

shower
夕立ち

sudden downpour
ゲリラ豪雨

hot
暑い

muggy
蒸し暑い

fierce heat
猛暑

cold wave
寒波

hail
ヒョウ(あられ)

sleety
みぞれ

drizzle
霧雨

windy
強風

heavy snow
大雪

temperature
気温(℃)

humidity
湿度(%)

rainfall probability
降水確率(%)

first spring wind
春一番

start (end) of the
rainy season
梅雨入り(明け)

first snow of the season
初雪

dry air warning
乾燥注意報

high pressure／
low pressure
高気圧／低気圧

天気&体調の単語アイコン集

こちらも
check!

toothache
歯痛

pimple
ニキビ

overeating
食べ過ぎ

no appetite
食欲がない

lack of sleep
睡眠不足

red eye
目の充血

drinking too much
飲み過ぎ

hangover
二日酔い

flu (influenza)
インフルエンザ

COVID-19
新型コロナウイルス感染症

weary
だるい

nausea
吐き気

sore throat
のど荒れ

poor circulation
冷え（性）

stiff shoulder
肩こり

backache
腰痛

anemia
貧血

cramps
生理痛

muscular pain
筋肉痛

stomachache
胃痛

diarrhea
下痢

constipation
便秘

hay fever
花粉症

eczema (red spots)
しっしん

swelling
むくみ

feel dizzy
くらくらする

stomatitis
口内炎

\ 予定も書ける！ /

英語日記におすすめの手帳

いわゆる厚い日記帳よりも、スケジュール帳などの手帳がぴったり。
毎日持ち歩いて、ちょこっと書けるお気に入りの手帳を探してみましょう。
おすすめは日記や目標が書きやすいこんなタイプです。

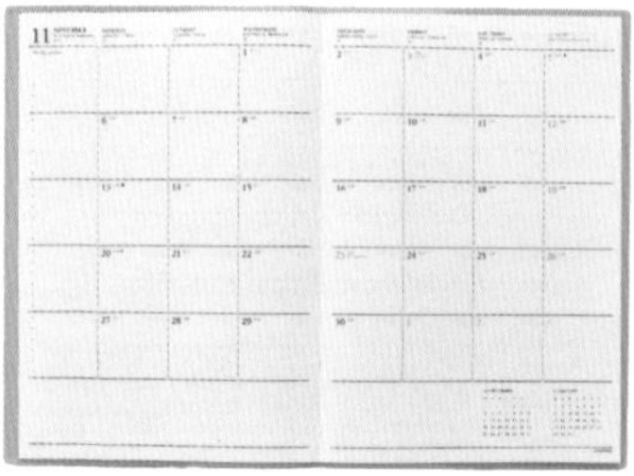

マンスリータイプ

1か月の出来事がパッとわかる

コンパクトでも、なるべく1日のマス目が大きめのタイプを。予定に感想などのひとことコメントを入れて楽しめます。目標や短い日記も書けるメモ欄があるとベスト。

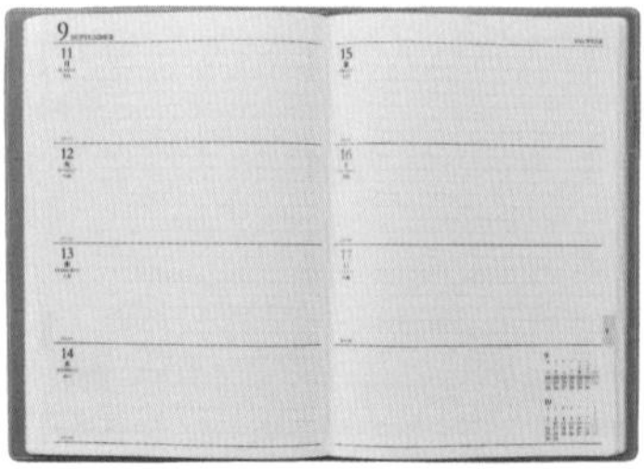

ウィークリー見開きタイプ・横長

英文の書き込みやすさは抜群！

1日のスペースが横長で広いので、英文を書きやすいタイプ。シールやイラストでデコも楽しめます。丸1日分のフリー欄があるので、週の目標なども書きやすい！

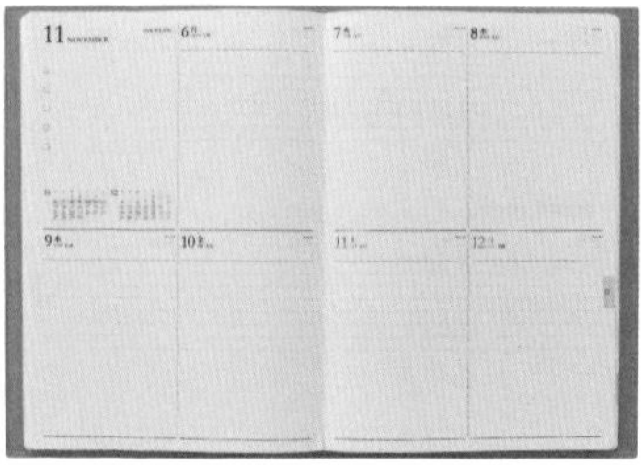

ウィークリー見開きタイプ・縦長

予定も日記も書きたい人に◎

1日のスペースが縦長で、上に予定、下に短い英語日記など書き分けやすい。左上の週頭にフリー欄があって、その週の目標やTo Doのメモなど自由に使えます。

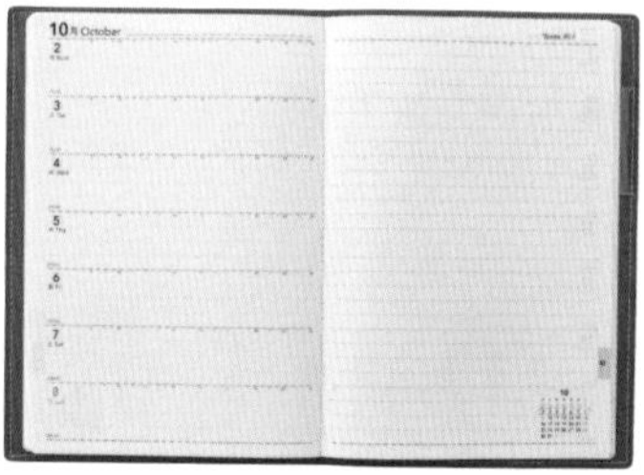

ウィークリー片側メモタイプ

広いフリー欄を自由に使って

左ページがスケジュール欄、右ページがまるまるフリー欄という、自由度の高いタイプ。毎日の出来事を短い英文で書きたいなど、英語日記に慣れてきた人におすすめ。

part1

すぐ書ける感情表現で、英会話にも使える!

感情テーマ別

ひとことコメント集

初心者にも簡単! その日の出来事に合わせて、自分の感情・感想をひとことでコメントして。吹き出しやアルファベットをデコっても楽しげ! 感情表現を覚えられ、英会話力もぐんと上がりますよ。

happy!

うれしい

のコメント

all right!
やったね!

feelin' good♪
いい感じ♪

楽しかった～!
It was fun!

えらい!
Well done!

絶好調♪
Perfect condition♪

まじシアワセだった!
I felt so happy!

めちゃくちゃウケた～!
I laughed my head off!

うれしくて待ちきれない!
can't wait!

感動した!
I was so moved!

まじ最高!!
couldn't be better!!

おつかれ!
Good job!

ふ～っ 助かった!
phew!

できた～!(書類や勉強など)
I made it!

I was glad!
うれしかった～!

ワクワクする気持ちをひとことコメントで。吹き出しのデコも感情に合わせてひと工夫!

sad...

かなしいのコメント

コメントのまわりに、言葉や気分に合う簡単なイラストを添えても楽しい。

心が折れた…
disheartened...

悲惨…
tragic...

ガーン!!
Oh my gosh!!

傷ついた…
I got hurt...

悲しすぎる!
It's too sad!

チョー憂うつ
I feel bummed out.

フラれた～!
I was dumped!

さびしい…
lonely...

ひどい!
awful!

立ち直れない
I'm exhausted.

surprised!

びっくり

のコメント

seriously!?
マジか!?

Creepy
ゾゾッ

うっそー!
No kidding!

激ヤバ!
Incredible!

初耳!
That's news to me!

目が覚めた!
I woke up!

ハッとした!
I was startled! (◉ω◉)!!

ギョッとした
I was frightened.

I can't believe it!
信じられない!

息をのんだ…
It took my breath away...

まさか~!
You're kidding!

びっくりした一!
I was surprised!

心臓に悪い…
suspenseful...

おやおや~!
Oh, boy!

ε(°ロ°)

日常の刺激にちょっとしたサプライズを。かわいいデザインのふせんに、コメントを書いて貼っても。

disappointed...
がっかりのコメント

sigh...
はぁ～っ…（ため息）

しょんぼり
depressed

テンション下がる～
It let me down.

泣きそう!
I almost cry!

やっちゃった…
That's done it...

ちぇっ
damn

Ouch!
イタタ～!

現実は厳しい
Life is hard.

What a pity!
残念!

自業自得だ
It's my fault.

サイアクだよ…
couldn't be worse...

それは残念
That's too bad.

申し訳ない…
I feel sorry...

なかったことにしよう!
Let's forget it!

お金や仕事、友達づきあいなど、意外に言いたくなる場面が多いがっかりコメント。覚えて使いこなして。

Cheer up!

はげましのコメント

Go for it!
がんばれ!

It will be fine!
大丈夫!

Relax!
落ち着いて!

あきらめずにがんばろう!
Stick to it!

私／あなた ならできる!
I/You can do it!

いいね、その調子!
Go right on ahead!

万事オッケー
Bob's your uncle.

ドンマイ!
Never mind!

前向きに考えよう!
Think positive!

心配いらないって!
No worries!

自信をもって!
Be confident!

勉強になった!
I learned a lot!

明日につながるよ
There will be tomorrow.

気持ちを切り替えて!
Change the mood!

自分を励ましてモチベーションを上げて。友達や仕事の仲間へのメッセージにも英語でコメントしてみて!

annoyed
イライラのコメント

日本語では言いにくいことも、英語でなら書きやすい!?　自分の手帳でなら、不満コメントも書いて覚えて。

イラッとくる～!
I'm annoyed!

だいなし!
In vain!

時間のムダ…
Waste of my time...

意味わかんない
Nonsense

激おこ!
I'm outraged!

ムッとくる～!
That makes me mad!

仕事しろー!
You must work!

やられた!
Beats me!

ストレスのもと!
stressful!

サイアク!
It sucks!

知ったかぶり!
wiseacre!

love it!

スキ

のコメント

まさに理想
ideal

尊い
precious

あなたにメロメロ
I madly love you.

彼の♡を狙い撃ち!
win his heart!

あなたに夢中
I'm crazy about you.

あなたは私の宝物
I treasure you.

チュッ♡
chu♡

惚れちゃった!
I'm in love!

目がハ～ト♡
Only you are seen♡

ラブラブ
Lovey-dovey

ほかに何もいらない!!
I don't want anything!!

love ya lots!
大好き!

blush♡
ポッ♡

I fell in love!
恋しちゃった!

デートの予定や推しに会えた日などに「チュッ♡」と後から添えるだけで、楽しかった日記がわりに。

hate it!

キライ

のコメント

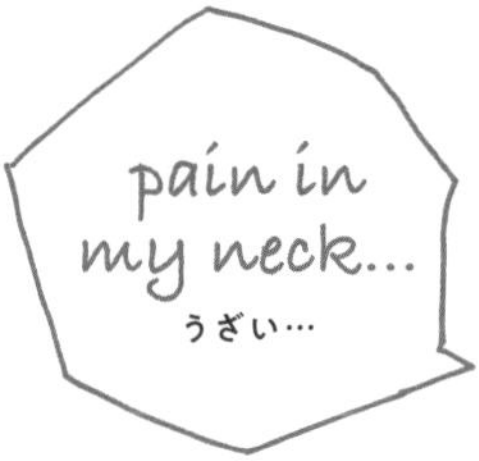

センスが合わない
We have a different taste.

うげっ!
yuck!

ヤメて!
Cut it out!

絶対、いや～
absolutely not

まずっ!(おいしくない)
awful!

病んでる…
sick...

こわっ!!
That's so scary!!

ごめん、無理…
I'm sorry, no chance...

あなたなんか嫌い!
I hate you!

絶交! もう別れる!
I'll break up!

もう、うんざり!
I'm fed up!

自分や友達がミスをしたときなどのダメ出しやツッコミにも使ってみて。自虐的で意外と楽しい!

feeling easy

のんびり

(˙ᴗ˙)

のコメント

It's really soothing.
いやされる～

comfy!
快適、快適！

のんびりまったり
chilling out

のんびりやろう♪
take it easy♪

解放された～
free as a bird

ひと安心！
What a relief!

ウケる～おもしろ！
That's so funny!

step by step
一歩ずつ、一歩ずつ

くつろごう
Let's unwind.

ゆるゆる～
leisurely

うとうとしちゃった
I fell asleep.

ひと息入れよう！
Let's take a coffee break!

ゴロゴロしよ
Let's laze around.

私って恵まれてる
I'm blessed.

最近よく聞くチル=chillはくつろぎなどを表す単語。穏やかな休日には、こんなゆるめのコメントがぴったり。

rushed

あせり のコメント

feeling rushed!
アセアセ!

アタフタ オロオロ
helter-skelter

hectic
バタバタ～

ヤバい!
This is bad!

緊張する
I'm nervous.

ハラハラ ヒリヒリ
I'm on pins and needles.

もう間に合わない!
Can't make it!

sooo busy!
まじ忙しい!

くらくらする～!
feeling dizzy!

パニくった
I panicked.

ギャー!
yipe!

ちょっと落ち着け!
Calm down!

も～わけわかんない!
I'm confused!

いっそ逃げ出したい!
I wanna get away!

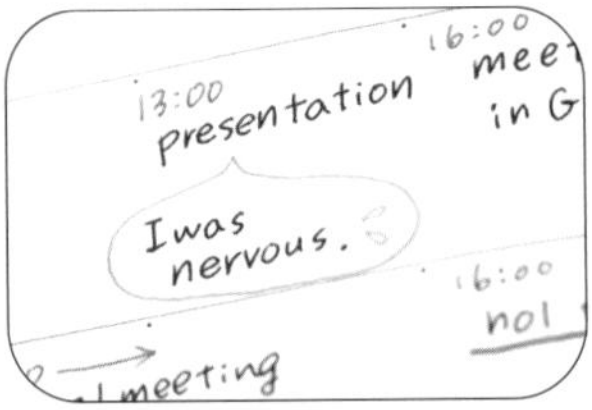

仕事の提案や挑戦などにコメントを。日記のその日の出来事に使うときは、現在形の動詞は過去形に変えるとグッド。

今日会った人、気になる人、ニガテな人…
日記に書けば単語も覚えやすい!

人の印象・性格

のコメント

cool! カッコいい!

good-looking guy / hot guy イケメン

kind やさしい

sturdy たくましい

cute かわいい

warm-hearted 温厚・温もりがある

gorgeous 華やか

beautiful 美しい

ugly ブサイク

charming 魅力的

smart / intelligent 頭よさそう・知的

reliable 頼もしい

unreliable 頼りない

calculating あざとい

fashionable おしゃれ

urban 都会的

dowdy ダサイ

fair 色白

dark-skinned 色黒

pale 青白い

neat and clean 清楚

elegant 上品

ladylike おしとやか

party animal パリピ（派手な人）

healthy-looking 健康的

outgoing 陽キャ（ラ）

shy 陰キャ（ラ）

happy-go-lucky
チャラい

strange
変わってる

pretty
きれい

good taste
センスがいい

sexy 色っぽい

mysterious 神秘的

weird キモい・不気味

herbivore 草食系

carnivore 肉食系

slim ほっそり

super skinny ガリガリ

fat おデブ

short おチビ

bald ハゲ

人の印象・性格のコメント

honest 誠実

thoughtful 思いやりのある

tolerant 懐が深い

critical キツイ・厳しい

cheapskate ケチ

respectable リスペクトできる

confident 堂々としている

mature 大人っぽい

childish 子供っぽい

funny
おもしろい

precise
几帳面

cheerful
明るい

calm
落ち着いている

talkative
おしゃべり

energetic
パワフル

popular モテる

considerate 気がつく・気がきく

polite きちんとしてる・礼儀正しい

modest 謙虚

competent デキる

careless おおざっぱ

impatient せっかち

difficult person 面倒な人

high-handed 上から目線

earnest まじめ

nerdy オタクっぽい

passionate アツい

handsome オトコ前

quiet もの静か

laid-back のんびり屋

big-hearted おおらか

petty （器が）小さい・セコい

unique 個性的

clean-freak 潔癖症

strong-minded 芯が強い

gloomy 暗い

delicate 繊細

scary 怖い

willing / proactive 積極的

unmotivated / passive 消極的

goes his/her own way マイペース

fussy 細かい

selfish わがまま・自己チュー

touchy 怒りっぽい

stubborn 頑固

Sally's column 1

シンプルな予定の書き方

自分にわかればOK! 短く簡潔に

予定は用件の英単語をずばり書くか、文でも
主語は「自分」=I なので省略してOKです。

point

- スケジュール帳に用件の英単語を書く
- 文の場合、主語は省略して現在形でOK
- 時刻は12時間表記でam、pmをつける
- 固有名詞は頭を大文字に
- @=atや w/=with など略語を使う

予定に便利な略語

＊いわゆるスラングなので造語も可。

- ～で（場所） **at→@**
- ～と（人） **with→w/**
- アポ **appointment→appt**
- 未定 **to be determined→TBD**
- 会議・打ち合わせ **meeting→MTG**
- 残業 **overtime work→OW**
- 出張 **business trip→Biz.Trip**
- 誕生日 **birthday→BD**

日付の書き方

英語（おもに米国）では「月・日・年」の順で書きます。月は数字ではなくスペルで書き、日にカンマを打って、年の数字をつなげて。
例:**Jan.15, 2024**

月の省略形

＊略した最後にピリオドを打つ。

- 1月 **January→Jan.**
- 2月 **February→Feb.**
- 3月 **March→Mar.**
- 4月 **April→Apr.**
- 5月 **May→**そのまま
- 6月 **June→**そのまま
- 7月 **July→**そのまま
- 8月 **August→Aug.**
- 9月 **September→Sep.**
- 10月 **October→Oct.**
- 11月 **November→Nov.**
- 12月 **December→Dec.**

part2

知っていると断然、スラスラ書ける!

Sally式

日本語変換トレーニング&基本フレーズ10

まずは、初心者がつまずきがちな「書きたい日本語文」のSally式変換プロセスから。さらに、目的語をさしかえるだけで英語日記が書ける、基本のフレーズをご紹介します。

Sally式

日本語変換トレーニング

初心者はまず「書きたい日本語」を
「英語で書きやすい日本語」に変換することが、
とても大事。3つのポイントで日記はもちろん、
英会話も上達が早まります!

初心者も
英語日記を
書ける!

Training 1

書きたい日本語の文を短く分ける

point ひとつの文に情報は1~2つまで!

1 書きたい日本語を書き出してみる

たとえば、下のような文を書きたい場合、初心者には少し難しく感じるのでは。
「日本語と同じように英語で書こう」と思うから、難しいのです。
これを「英語で書きやすい日本語」に変換しましょう。

今日、ゆみこと渋谷で会ったら、
先月ハワイで結婚したっていうから、
まじびっくりした!

2 短いフレーズ(1文)に分ける

まずは情報が多すぎるので、細分化してシンプルな文にします。
ルールは《1文につき、情報は1～2つまで》。これなら最初の文よりずっと、英語にしやすいでしょう。

情報1 今日、ゆみこと渋谷で会った

情報2 彼女は先月、ハワイで結婚をした

感想 まじびっくりした！

3 それぞれを英語にする

ブツ切りの文でも気にしない！ このルールで考えると、おおむね中学校で習う《S主語＋V動詞＋O目的語（＋C補語）》のシンプルな基本文型に。この本でも和訳文の情報が多い場合、英語ではブツ切りにして紹介しています。

information 1 I saw Yumiko in Shibuya today.

information 2 She got married in Hawaii last month.

＊ got married 結婚した

my feelings I was so surprised!

Training 2

主語から考えるクセをつける

point 日記の主役は「私」。主語の基本は「I」

1 日本語で省略した「主語」を足す

同じく、英作文で初心者がつまずきやすいのはココ。英語で主語は重要ですが、日本語は主語なしでも通じます。下の文を書きたいとき、主語は「今日」ではありません。食べたのは「私」ですよね。

今日はパスタを食べた

⇨ (私は)今日、パスタを食べた

2 英語に訳して書く

簡単な文でも、日本語をそのまま訳そうとするとヘンな英語になりがち。英訳するときは「主語は?」から考えるクセをつけましょう。日記の主役は「私」です。難しく考えず、最初は自分や人を主語にした日本語に変換してから、英語で書いてみましょう。

I had pasta today.

＊「食べた」はateでもOK

Training 3

今日の出来事は過去形で書く

point **英語日記の時制は「過去形」が基本!**

日記に書く出来事は、基本的にすでに起こったこと。英語の動詞は過去形で書きます。これを常に心得ておいて。日本語ではあまり気にしませんが、英語は時制の一致にウルサイのです。
この例文も情報を分けて日本語変換したのはよかったのですが、時制でつまずきました。下の日本語のように「〜をしていた」というと、英語も過去進行形にしがち。過去進行形は、過去のある時点を基準にそのときしていたことを表します。日記は書いている今が基準。単純に過去形でいいのです。
また、×のNG例文は後の一文が現在形ですが、同じ出来事はかならず時制をそろえ、ここは過去形でOK。日記の時制は書きたい日本語にまどわされず、基本的に過去形と覚えておきましょう。

今日の午後はすてきなカフェで、
ゆみことお茶していた

⇨ 私は今日の午後、ゆみことお茶をしていた
私たちはすてきなカフェにいた

⇩

× I was having a cup of tea with Yumiko this afternoon. We are at a nice cafe.

○ I had a cup of tea with Yumiko this afternoon. We were at a nice cafe.

今日は［　　　］へ行った

I went to ［場所］ today.

［場所］には名詞が入ります。カフェ **a cafe** やレストラン **a restaurant** など、一般的な場所には冠詞の **a** をつけます。店名などの固有名詞、私のお気に入りカフェ **my favorite cafe** など、特定の場所には冠詞がつきません。固有名詞の頭は大文字で書きます。

arrange

エリアを足す

→渋谷の ABC カフェへ行った

I went to ［ABC cafe］ in Shibuya.

ただ「渋谷へ行った」と書く場合は **I went to Shibuya** でOK。

人を足す

→ゆみことクレープ屋さんへ行った

I went to ［a crepe shop］ with Yumiko.

複数の場合、**with Akiko, Haru, and Yumiko** のようにカンマをつけて最後を **and** でつなぐ。

時間を足す

→午前中に代々木公園へ行った

I went to ［Yoyogi Park］ in the morning.

長い時間は **in**、時刻は **at** をつけて文末に足す。午後7時に～ **at 7pm.**

移動手段を足す

→電車で高尾山へ行った

I went to ［Mt.Takao］ by train.

乗り物は **by** をつけて。徒歩では **on foot** なので注意。**Mt.** = **Mount**（～山）の省略形。

今日は [　　] と会った

I saw/met [人] today.

待ち合わせをして友人知人と会う場合は**see**、道でばったり会ったり、仕事などのフォーマルな会見は**meet**を使います。[人] には個人名はそのまま書けばＯＫ。友達など一般の名詞には**my friend(s)**というように、**my/her/his**などの所有格をつけます。

arrange

場所を足す

→ゆみこと渋谷のABCカフェで会った

I saw [Yumiko] at ABC cafe in Shibuya.

cafeなど特定の場所は**at**、渋谷など広いエリアは**in**をつけて足す。

時間を足す

→おさむくんと午後６時に渋谷で会った

I saw [Osamu kun] in Shibuya at 6pm.

時刻には**at**をつけて。数字だけでもOK。６時半に～ **at 6:30** / 昼休みに～ **during my lunch break** ※～の間は**during**

Check

「○○をしに行く」は…

○○が動詞の場合《**go to**＋動詞の原形》の不定詞に。ただし、買い物に行く **go shopping** / トレッキングに行く **go trekking** など《**go**＋動詞**ing**》の動名詞をとる場合や、散歩に行く **go for a walk** など熟語の場合もあります。

今日は［　　　］を食べた・飲んだ

I had ［飲食物］ today.

hadは「食べた」「飲んだ」の両方に口語のように使えます。食べた **ate** / 飲んだ **drank**でもOKですが、**had**を使うと「口にした」「いただいた」といった婉曲的な感じにも。食べものには料理名や食品名を入れます。数えられる名詞とそうでない名詞とありますが、まずは気にせず書いてみましょう。

arrange

場所を足す

→ ABC レストランでフランス料理を食べた

I had ［French cuisine］ at ABC restaurant.

店名など特定の場所には前置詞**at**を。その店のあるエリアや地名を足したいなら、店の後に前置詞**in**をつけて足す。

人を足す

→ おさむくんと焼き肉を食べた

I had ［Korean BBQ］ with Osamu kun.

いっしょに食事をした人の名前は、前置詞**with**でつけ足す。焼き肉のほか、料理の種類名には冠詞**a**はつけないので覚えておいて。

数を足す

→ ワインを3杯飲んだ

I had three glasses of ［wine］.

飲みものは基本的に数えられない名詞なので **I had / drank wine.** でOK。数を足す場合は**a glass of ～ / a cup of ～**をつけ、何杯かによって単数または複数形に。

今日は［　　　］を見た

I saw/watched ［見たもの］ today.

どちらも「見た（観た）」ですが、**saw**は全体を見るような映画や舞台、景色などに。**watched**は動くものをじっと注視するテレビや動画、スポーツの試合などに使われます。一般的に「見た」は**saw**で間違いではありませんが、写真などは**look at** ～ というなど、感覚的に使い分けられます。

arrange

場所を足す

→渋谷で映画「インディ・ジョーンズ」を観た

I saw ［a movie "Indiana Jones"］ in Shibuya.

作品名は**a movie**に続けて書けばOK。映画を観たエリアや地名は前置詞**in**をつけて足す。

→上野の美術館でモネの「睡蓮」を観た

I saw ［Monet's "Water Lilies"］ at a museum in Ueno.

美術館などの施設は前置詞**at**でつけ足す。地域や地名は、最後に前置詞**in**でつなげて。

→東京スカイツリーから夜景を見た

I saw ［the night view］ from Tokyo Skytree.

「～から見た」と視点の場所をつけ足す場合は、前置詞**from**を使う。

人を足す

→おさむくんとサッカーの試合を観た

I watched ［a soccer game］ with Osamu kun.

スポーツの試合観戦は**watch**がおもに使われる。ともに観た人は前置詞**with**でつけ足す。

今日は □ を聞いた

I listened to 音楽・講義など today.

I heard about 話題 today.

どちらも「聞いた」ですが、今日の出来事のうち、音楽や講義、ラジオなど耳を傾けて集中して聞いた（聴いた）場合は **listened to** を。身近なニュースやうわさ話のように耳に入ってきた、聞こえてきたという場合は **heard** を使いましょう。□ にはそれぞれの名称や話題を名詞形で入れます。

arrange

場所を足す

→ライブハウスでジャズを聴いた

I listened to jazz at the live music club.

□ には音楽の種類名や曲名などの名詞を入れる。施設や会場など特定の場所は **at** で、地名は **in** でつなげる。

内容を補足する

→A氏の講演を聴いた

I listened to Mr. A's lecture.

講演者などは **lecture** の前に所有格にしてつけるとシンプル。講演テーマを足す場合は **lecture** の後に前置詞 **about**（〜について）を足してテーマ名を続ける。

→かおるの結婚のニュースを聞いた

I heard about Kaoru's wedding.

身近なニュースやうわさ話などは **heard about** で話題そのものを名詞化してつける。

今日は □ を買った

I bought/got 品物 today.

「買った」は**bought**ですが、お金は払っても「手に入れた！」というニュアンスのときは**got**を使うほうが口語的です。□ には名詞を入れます。飲料などを除くと、買い物アイテムは数えられる可算名詞が多いので、単数なら頭に冠詞の**a**を、複数なら名詞に**s**をつけて複数形にすることも忘れずに。

arrange

場所を足す

→伊勢丹で新しいブーツを買った

I bought a new pair of boots at Isetan.

デパートなどの施設や店名は**at**でつけ足す。靴や靴下は２つで１足のため、数え方に注意。１足は**a pair of shoes,** ２足なら**two pairs of shoes**となる。

値段を足す

→セールでワンピースを1980円で買った

I bought a dress for 1,980 yen at a clearance sale.

値段には前置詞**for**を使い「半額で」なら**for half price**に。セールも前置詞**at**（～で）を使って。ワンピースは和製英語で、英語ではカジュアルでも**dress**という。

手段を足す

→ネットオークションでルイ・ヴィトンのお財布を手に入れた！

I got a Louis Vuitton wallet on the internet auction!

オンラインの通販やオークションで買った場合は、前置詞**on**を使います。サイト名はそのまま書けばOK。「ネットで」という場合は**on the internet**に。

［　　］にメッセージを送った

I sent ［ 人 ］ a message.

スマートフォンのアプリでメッセージを送るときなどに。［　　］には、**him, her**など人の目的語か相手の名前をそのまま入れて。また、スマホのメールは口語で**text**と言われ、「スマホからメールを送った」は**texted**になります。

arrange

用件を足す

→ゆみにパーティーのことでメッセージを送った。

I sent ［Yumi］ a message about the party.

「〜の件で」という場合、前置詞**about**＋用件の名詞をつけ足して。仕事の場合も**about our project**（プロジェクトの件）など具体的な用件名に。

→おさむくんに待ち合わせ場所をメールした

I sent ［Osamu kun］ a message about our metup place.

「〜について（用件）」というときは前置詞**about**を使う。待ち合わせ時間なら**about our metup time**とつけ足せばOK。

時期を足す

→お母さんに突然、メッセージを送ってみた。

I sent ［my mom］ a message suddenly.

突然に **suddenly** など、タイミングを表す副詞を入れて。とうとう **at last** ／ソッコーで **immediately** ／もう一度また **again** ／ 久しぶりに **for the first time in a long time**

今日は［　　　］とデートした

I had a date with ［人］ today.

デートdateは名詞と動詞のどちらにも使えますが、動詞のdateは「おつきあいする」という意味で使われることのほうが多いでしょう。ふたりで会う「デートした」は**had a date**というほうが一般的。ほかに**went on a date, went out**でもＯＫ。いずれも前置詞**with**をつけて相手を入れます。

arrange

機会を足す

→ おさむくんと初めてデートした

I had a date with ［Osamu kun］ for the first time.

todayを for the first time「初めて」に。２回目ならsecond。もっとシンプルに I had a first date with ～としてもOK。

内容を足す

→ しんじくんとカラオケデートをした

I had a Karaoke date with ［Shinji kun］.

カラオケのほかランチlunch, ディナー dinnerなどは、そのままdateの前につけてもOK。

否定文の場合

→ 残業でおさむくんとデートができなかった

I had to work overtime.

I couldn't have a date with ［Osamu kun］.

「残業で」をby overtime workとは言わない。英語では残業しなくちゃいけなかった＋デートできなかったと２つの文をくっつける形になるので、シンプルに分けて書けばOK。

今日は［　　　］を楽しんだ

I enjoyed ［出来事］ today.

［　　］の部分には、楽しんだ出来事の名詞または「～すること」を意味する《動詞＋ing（動名詞）》が入ります。このときto＋動詞（不定詞）にしてしまいがち。enjoy ～ ingで「～することを楽しむ」なので、このまま覚えて楽しんだ経験をたくさん日記に書いて。

arrange

人を足す

→あゆみとコンサートを楽しんだ

I enjoyed ［the concert］ with Ayumi.

いっしょに楽しんだ人は前置詞withでつけ足す。［　　］にいろんな名詞を入れて。
映画 **a movie** ／ カラオケ **Karaoke** ／ サッカー観戦 **watching a soccer game** ／ 買い物 **shopping** ／ パーティー **the party**

場所を足す

→ABCホテルでケーキブッフェを楽しんだ

I enjoyed ［a dessert buffet］ at ABC Hotel.

ホテル名など施設や特有の場所は**at**でつけ足す。フレンチのディナーなら**French dinner,** フェイシャルエステなら**a facial treatment**など。

状況を足す

→心静かに読書を楽しんだ

I enjoyed ［reading my book］ calmly.

楽しむ様子を表す副詞をつけ足して。すごく**very much** ／ とことん**thoroughly** ／ 十分に**fully** ／ 貪欲に**passionately**

今日は ______ をやり終えた

I finished 用件 today.

何かをやり終えたときはうれしいもの。完了する、仕上げるという **finished** を使って日記に書きましょう。用件には、名詞または「～すること」を意味する《動詞＋ing（動名詞）》を入れます。「やり終えた」という意味で **finish** を使う場合は **to**＋動詞（不定詞）の形はとりません。

arrange

仕事の用件

→ 企画書を作り終えた

I finished making a proposal.

書類を「作る」は**make**を使う。企画書 **proposal** ／ 会議資料 **meeting document** ／ 見積書 **estimate** ／ 請求書 **bill** ／ 案内状 **invitation letter**

学校の用件

→ 卒論を書き終えた

I finished writing my graduation thesis.

my graduation thesisで卒業論文。普段のレポートなら**my report**でOK。

→ 期末試験を終えた

I finished my final exam.

exam は**examination** の略。ゼミを～ **my seminar** / 講義を～ **a lecture** / 文化祭の準備を～ **preparing for a school festival**

sally's column 2

つなぎの単語を使いこなそう

ブツ切り英語でもペラペラ風に!

長めの日本語文は、短い文に分けて英語に変換するのがこの本のルール(⇒P.34)。英作文や英会話の上達には、まずシンプルな短い文をきちんと書けることが重要なためです。さらに「つなぎの単語」を使えば、英会話でもちゃんと流暢に聞こえます! 接続詞や副詞の使い方には文法上のルールもありますが、まずは細かいことは気にせず、例文を参考に日常で使ってみましょう。

and →そして、かつ

I took a good rest [and] (I) refreshed myself.
→ゆっくり休んでリフレッシュした

but →だけど

I handed in my business plan, [but] it wasn't accepted.
→企画書を提出したけど、ボツになった

because →～というわけで

I moisturized my skin with a lotion [because] my skin was so dry.
→肌がカサカサだったので、化粧水で保湿した

so →それで、だから

It was sudden, [so] I was surprised!
→突然で、驚いちゃった!

then →それから、さらに

I exercised at the gym, [then] I went to my office.
→ジムでエクササイズをしてから会社に行った

part3

特別ではない、毎日のくり返しがポイント!

シチュエーション別

日常生活の日記を書こう

日常の平凡な出来事こそ、くり返し何度も書くというもの。朝起きてからのよくある場面別に、気軽に書ける例文をあげました。継続が何より肝心。参考にしながら書き続けてみて!

今日はいい1日だったな～

I had a good day.

楽しい1日だった!
I had a fun day!

今日はいいコトがいっぱいあった
I had a day full of happiness.

忙しい1日だった
I had a busy day.

充実した1日だった
It was a productive day.

今日はいい天気(快晴)だった
It was fine today.

何もしない1日だった
I didn't do anything all day.

今日はのんびりできた
I was able to relax today.

ゆっくり休んだ
I took a good rest.

リフレッシュした
I refreshed myself.

ヘトヘトに疲れた
I was exhausted.

Sally's notes

どんな1日だったかは使えるフレーズ

「今日はいい1日だった」など、どんな日だったかという文だけでも立派な日記に。**I had a good day** は形容詞 **good** を入れ替えれば、さまざまな日を表現できます。ツイてない、今イチな日だったら **bad day** に。

word list
悪天候
bad weather

天気の単語集
⇨P.12～

ひとことコメント
whew...
やれやれ…

fine

refreshed

happiness

今朝は早起きをした!

I woke up early this morning!

スッキリ目覚めた
I woke up feeling good.

気持ちいい1日の始まりだった
It was a good start of the day.

植物に水をあげた
I watered the plants.

ヨガをした
I did Yoga.

ランニングに出かけた
I went running.

“朝活”をした!
I did my “morning activities”!

朝シャワーを浴びた
I took a morning shower.

word list
筋トレ
muscle training
ストレッチ
a stretch exercise

word list
ウォーキング
walking
水泳
swimming
ボクシング
boxing

今朝は寝坊しちゃった!

I overslept this morning!

バタバタと家を出た
I rushed out of the house.

会社に遅刻しちゃった
I was late for work.

word list
授業
class
待ち合わせ（友達など）
a meetup
打ち合わせ
a meeting

時差ボケした…
I was jet-lagged...

慌ててスマホを忘れてきちゃった!
I forgot my smartphone in a hurry!

起きたら昼だった…
I woke up in the afternoon...

午前中の仕事をサボった
I skipped work in the morning.

word list
- スケジュール帳 **pocket planner**
- 教科書 **text book(s)**
- 書類 **document(s)**
- 財布 **wallet**

Sally's notes

飛ぶ、跳ねるのskipには…

口語で「サボる」という意味もあります。「授業をサボる」は **skip class** に。「朝食を抜く」は **skip breakfast**に。

昨日の夜は早く寝た

I went to bed early last night.

爆睡した!
I slept like a log!

寝だめした～
I caught up on my sleep.

寝落ちしてた…
I fell asleep...

12時間も眠った…寝過ぎだろ!
I slept for 12 hours... I slept too much!

Sally's notes

眠りに関する英語らしい表現

「爆睡した!」で使った **like a log** は直訳すると「丸太のように」=死んだように眠ったという意味。「寝だめした～」の **catch up on**～は、～の不足や遅れを取り戻すという意味の熟語です。

awake

ひとことコメント
Let's forget it
なかったことにしよう

skipped

昨日の夜は夜ふかししちゃった
I stayed up late last night.

寝たのは午前3時だった
I went to bed at 3am.

徹夜でゲームをした
I played games all night.

ひと晩中、目がはれるほど泣いてた
I cried my eyes out all night.

目が冴えて眠れなかった
I was too awake to go to sleep.

other phrases
本を読んだ **read books**
仕事をした **worked**
おしゃべりをした **(We) chatted**

ひとことコメント
never mind!
気にするな!

今日は家でごはんを食べた
I ate at home today.

自分でランチを作った
I made lunch for myself.

お昼はコンビニごはんだった
I had a convenience store lunch.

ケータリングを頼んじゃった
I ordered catered food.

今日のごはん、おいしかった!
Today's meal was delicious!

彼のために料理をした♥
I cooked for him♥

word list
朝食 **breakfast**
夕食 **dinner**
スイーツ **sweets**
和食 **Japanese food**
パスタとサラダ **pasta and salad**

delicious

ひとことコメント
heart-fluttering
胸キュン

今日は家で過ごした

I stayed in today.

家じゅうを掃除した

I cleaned all over my house.

衣替えをした

I changed my wardrobe for the new season.

ガッツリ昼寝しちゃった

I had a long nap.

韓流ドラマを1日かけて観た

I watched Korean dramas all day.

たまった洗濯ものを洗った

I did piles of laundry.

部屋の模様替えをした

I rearranged my room.

本を読みふけった

I was absorbed in reading.

長風呂でリラックスした

I took a long bath to relax.

word list

＊集合住宅の場合は**house**を**apartment**に。

自分の部屋 **my room**

キッチン **the kitchen**

浴室・トイレ **the bathroom**

クローゼット **the closet**

Sally's notes

家事に関する英語らしい表現

pileは山積みという意味で**piles of laundry**で「洗濯ものの山」＝ため込んだ洗濯ものという意味に。ちょっとした「部屋の模様替えをする」は**rearrange the room**です。ちなみに、**nap**は昼寝、居眠りの名詞で「昼寝をする」という動詞でも使えます。

ひとりでお出かけをした

I went out by myself.

ひとことコメント

feelin' good

いい感じ

近所に散歩へ出かけた

I went for a walk in the neighborhood.

absorbed

ひとことコメント

good!
いいね!

渋谷へ買い物に出かけた
I went shopping in Shibuya.

新しくできたパン屋さんに行った
I went to the new bakery.

カフェでお茶をした
I had tea at a cafe.

1週間の食料を買いだめした
I stocked up on food to last a week.

Sally's notes

「買いだめする」は
フレーズごと覚えて

stock up on～ で「～を買いだめする」という熟語に。**to last a week** は「1週間もつための」という意味で **last** は「十分足りる」という動詞です。

実家に帰った

I went back to my parents' home.

久しぶりに祖母の家に行った
I visited my grand mother for the first time in a long time.

弟が家に彼女を連れてきた
My brother brought his girlfriend to our house.

姉とケンカしちゃった
I had an argument with my sister.

いとこの結婚式だった
It was my cousin's wedding.

父の日のプレゼントを買った
I bought my father a gift for Father's day.

実家から荷物が届いた
I got a package from my parents.

word list
- 祖父母 **grand parents**
- 両親 **parents**
- 息子 **son**
- 娘 **daughter**
- 兄弟 **brother**
- 姉妹 **sister**
- いとこ **cousin**
- おじ **uncle**
- おば **aunt**
- 甥 **nephew**
- 姪 **niece**

今日は女子会だった!

We had a girls' night out today!

しゃべりまくってストレス発散した～

I released my stress by talking non-stop.

ちえは最近、元気がない

Chie's down lately.

りえの話には超絶ウケた!

Rie's story was so funny!

新しい友達ができた

I made a new friend.

恋愛ネタで盛り上がった!

We talked about relationships. We had fun!

今日は同窓会に行った

I went to the reunion today.

今日は飲み会だった

I went to a drinking party today.

みんなで新宿の居酒屋で飲んだ

We drank at a pub in Shinjuku.

今日は飲み過ぎた～

I drank too much today.

今日のビールは最高においしかった!

Today's beer tasted extra special!

Sally's notes

友達とワイワイは写真を添えて!

girls' night out＝女子だけで夜、出かけることの口語。その場の楽しいムードを思い出せるよう、写真を貼ったり、参加者の名前やコメントを添えるとグッド。

other phrases

ダイエットネタを話す
talk about diet

職場ネタを話す
talk about work-related stuff

word list

同期会
class reunion

ひとことコメント

I had fun!
楽しかった～!

party

ひとことコメント

I got drunk!
酔っぱらった～!

“山手線ゲーム”で盛り上がった

We had fun playing “Yamanote Line Game.”

二次会はカラオケだった♪

The after-party was held at Karaoke♪

男子がMrs. GREEN APPLEを熱唱した

The guys passionately sang Mrs. GREEN APPLE’s songs.

終電ギリギリでアセッた

I almost missed the last train.

fun

アミューズメントパークへ行った

I went to the amusement park.

word list

東京ディズニーランド **Tokyo Disneyland (TDL)**

ユニバーサル・スタジオ・ジャパン **Universal Studios Japan (USJ)**

動物園 **zoo**

水族館 **aquarium**

プラネタリウム **planetarium**

ボウリング場 **bowling alley**

花火大会 **fireworks display**

お花見を楽しんだ

I enjoyed cherry blossom viewing.

一日じゅう遊んで楽しかった!

I had fun all day hanging out!

ジェットコースターで絶叫した!

I cried at the top of my lungs on a roller coaster!

自分のおみやげにぬいぐるみを買ったよ

I bought a stuffed animal as a souvenir.

インスタグラムに写真をアップしちゃった

I uploaded photos to Instagram.

友達とランチをした

I had lunch with my friend(s).

ゆみをランチに誘った

I asked Yumi to go out for lunch.

渋谷のスタバで待ち合わせした

We met up at Starbucks in Shibuya.

おいしかった～!

It was tasty!

正直にいうと、まずかった…

To be honest, it was bad...

フレンチを食べた

We had French food.

ウーバーイーツで出前を取った

I ordered delivery through Uber Eats.

Sally's notes

誘っただけなら…

夕食なら**dinner**, お茶なら**tea**に。「誘う」は **invite** も使えますが、外食の場合はごちそうする＝おごる、というニュアンスに。

tasty

word list

イタリアン
Italian food

中華料理
Chinese food

韓国料理
Korean food

和食
Japanese food

映画を見に行った

I went to see a movie.

ネットフリックスで恋愛映画を見た

I watched a romance movie on Netflix.

タイトルは「ミッション:インポッシブル」

The title was "Mission:Impossible."

word list

コメディ **comedy**

アクション **action**

ホラー **horror**

ファンタジー **fantasy**

SF **sci-fi**
(**science fiction**の略)

アニメ **animation**

movie

主演のトム・クルーズがかっこよかった!
The leading actor Tom Cruise was hot!

映画みたいな恋したいな♡
I want to fall in love like in the movies♡

号泣しちゃった
I cried my eyes out.

other phrases

感動した
I was moved.

爆笑した
I laughed my head off.

怖かった
It was scary.

つまらなかった
It was boring.

美術館へ行った
I went to the art museum.

落ち着いて鑑賞できた
I was able to take my time and enjoy the art.

いい作品がたくさんあった
There were many great art works.

感性を刺激された!
It stimulated my senses!

美術館は混雑していた
The art museum was crowded.

2時間も並んだ!
I had to wait in line for two hours!

ミュージアムショップで画集を買った
I bought an art collection book in the museum shop.

Sally's notes

せっかくなら固有名詞を盛り込む

映画やミュージアム、イベントなどに出かけたら、会場や催事の名称、アーティストの名前などを日記に書き残して。情報の記録とともに、普段は書かない単語やスペリングを知るきっかけになります。

museum

ただいまダイエット中!

I'm on a diet now!

体重が1キロ減った!
I lost 1 kilo!

1日の摂取カロリー1500kcalをキープした
I kept my daily calorie intake to 1500.

スイーツががまんできなかった
I couldn't resist sweets.

体脂肪率が30%を超えた
My body fat percentage exceeded 30%.

今日は3kmウォーキング(ランニング)した
I walked (ran) for 3km today.

今日はエクササイズをきちんとやった
I completed my exercise routine today.

ジムで1時間、エクササイズをした
I did my exercises at the gym for an hour.

Sally's notes

ダイエット日記こそ英語がおすすめ

人に見られたくないダイエット日記も、英語なら毎日の手帳に書きやすいもの。パッと見ても内容がばれにくく、目標達成にも効果大! すぐ下の例文で「(体重が)増えた」は**gained**〜。キロは**kg**でもOK。

diet

other phrases

ヨガをやった
did Yoga

ストレッチをした
stretched

ダンスをした
danced

今日はメイクがキマッた!

I looked good with my makeup!

今日は化粧くずれがひどかった
My makeup came off so much today.

今日はメイク濃いめだった
I put on lots of makeup today.

word list

薄めのメイク
light makeup

makeup

大人っぽく赤の口紅にした
I used red lipstick to create a more mature look.

アイライナーがきれいに引けた!
I put on eyeliner nicely!

word list
- アイブロー **eyebrow**
- アイシャドウ **eye shadow**
- チーク **blusher**
- マスカラ **mascara**
- つけまつげ **false eyelashes**
- ＊失敗したら I couldn't put on ~ nicely.

肌の調子がいい!

My skin condition was good!

肌がカサカサだったので保湿した
My skin's so dry. I moisturized it with a lotion.

この美容液、いい感じ♪
This beauty essence is very nice♪

明日に備えてパックをした
I applied a face pack for tomorrow.

シミができちゃった～
I got a blemish.

毛穴が気になった…
I was concerned about my pores...

ニキビができてショック…
I'm shocked to see my pimples...

word list
- 化粧水 **lotion**
- 乳液 **milk lotion**
- 保湿クリーム **moisturizing cream**
- 洗顔料 **facial cleanser**
- クレンジング **makeup remover**

word list
- シワ **wrinkles**
- 吹き出物 **pimples**
- 目尻のシワ **laugh lines**
- 日焼け **sun-burned**

beauty

エステサロンに行った

I went to an esthetic salon.

フェイスシャルエステを受けた

I had a facial treatment.

痩身エステはすごい効いた!

The slimming treatment worked great!

スパでマッサージを受けた

I got a massage at a spa.

気持ちよくて寝ちゃった

It felt so good. I fell asleep.

ひとことコメント

It's really soothing!
まじ癒される~

word list

アロママッサージ
aromatic massage

フットマッサージ
foot massage

指圧　**shiatsu**

整体・整骨
osteopathy

ヘアサロンに行った

I went to a hair salon.

髪をばっさり切ってイメチェンした!

I got my hair chopped off. I changed my look!

思いきりショートにしちゃった

I got my hair cut very short.

ふんわりパーマをかけてみた

I got my hair softly permed.

髪をピンク色にカラーリングした!

I had my hair dyed pink!

hair

other phrases

きつめに
hard ~

ストレートに
straigh ~

巻き髪で女子っぽくした
I made my hair look girly by curling it.

ヘアスタイリストとのおしゃべりは楽しいな
I like talking with the hairdresser.

ヘアトリートメントをした
I gave my hair a treatment.

ヘアアイロンでうまく巻けた
I got a nice hairstyle with a curling iron.

ひとことコメント
perfect condition!
絶好調!

salon

ネイルサロンに行った

I went to a nail salon.

word list
まつ毛エクステサロン **eyelash extension salon**
脱毛サロン **hair removal salon**
日焼けサロン **tanning salon**

フレンチネイルをしてもらった
I got a French manicure done.

甘皮のケアをした
I took care of my cuticles.

花柄のネイルアートをしてもらった
I got a manicure with a flower pattern.

word list
水玉 **polka dot**
星 **star**
ハート **heart**
リボン **ribbon**
ストライプ **stripe**
ボーダー **border**
チェック **check**

今日は赤のネイルにした
I got a red manicure today.

ジェルネイルでペディキュアをしてもらった
I had a pedicure with gel nail polish.

トップコート剤を買った
I bought a top coat.

生理になった…

I got my period...

ガチで生理痛がひどかった
My cramps were killing me.

いつもより5日早く(遅く)生理がきた
I got my period 5 days earlier (later) than usual.

月経量が多かった(少なかった)
I had heavy (light) menstrual flow.

生理がこない…
My period is late...

妊娠検査薬でテストをした
I took a pregnancy test.

Sally's notes

体調のアイコンをプラスして

その日の体調を表すアイコン(⇒P.14)で、ひそかに楽しく体調管理。生理中やエッチをした日など、プライベートなアイコンを作ってみて。

feeling

ひとことコメント

feeling down
凹む～

今日は体調が悪かった

I didn't feel well today.

頭痛がひどかった
My head was pounding.

ひどい肩こりだった
I had bad stiff shoulders.

今日は風邪ぎみだった
I had a slight cold today.

other phrases

ひどい腰痛
a bad backache

ひどい腹痛
a bad stomachache

ひどい筋肉痛
a severe muscle pain

ひどい眼精疲労
a painful eye strain

ひどい二日酔い
an awful hangover

熱っぽかった
I felt feverish.

風邪で会社を休んだ
I took a day off from work with a cold.

インフルエンザに感染した!
I caught the flu!

咳が止まらなかった
I couldn't stop coughing.

ひとことコメント
tough...
つらい…

word list
新型コロナウィルス　**COVID-19**

病院に行った

I saw my doctor.

Sally's notes
病院に行く＝医師に会う
英語圏では、まずはホームドクターに診てもらうのが一般的。さらに、英語では小さな診療所は**clinic**,大きな病気や救急で行くのが**hospital**と使い分けます。

今日は健康診断を受けた
I had a checkup.

会社の医務室に行った
I went to the medical treatment room at work.

かかりつけの医者にみてもらった
I saw my family doctor.

薬局で薬をもらった
I picked up my medicine at the pharmacy.

word list
内科医　**physician**
外科医　**surgeon**
皮膚科医　**dermatologist**
婦人科医　**gynecologist**
耳鼻科医　**ENT(ear, nose and throat) doctor**
眼科医　**eye doctor**
歯科医　**dentist**

medicine

英語でもっと
いろいろな日記を楽しもう!

余白の多い手帳で、好きなテーマの日記も書いてみて。
英語で書くと人目もあまり気にならず、
好きなことの英語表現はSNSなどでも活躍!

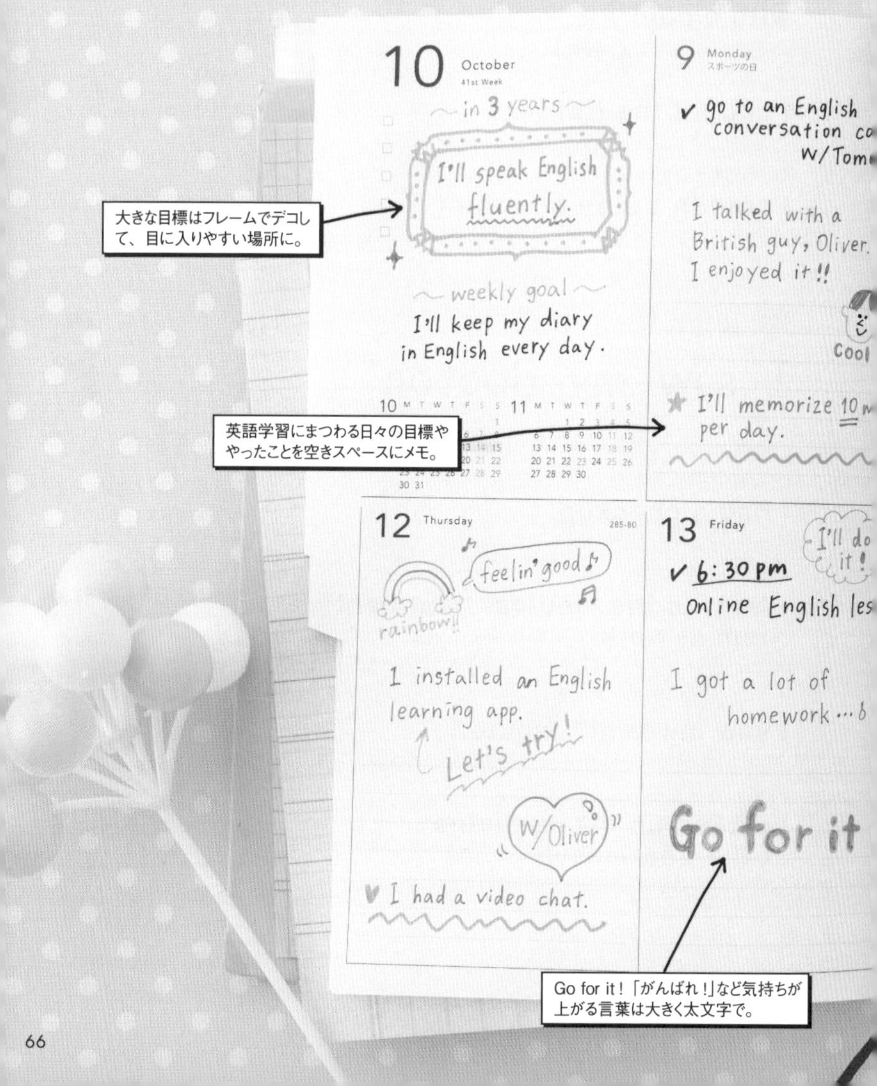

ここを参考に

- Part1 感情テーマ別 ひとことコメント集
  ➪ P.18 ～
- Part4 Sally式
  夢叶え日記を書こう ➪ P.80 ～
- 習い事・勉強の日記 ➪ P.102
- シンプルな予定の書き方 ➪ P.32

英語の夢叶え日記

目標、日々の出来事や感想、自分を勇気づける言葉など、何でも英語で書いてみましょう。書く&読むのくり返しが"英語ペラペラ"への一番の近道です！

新たな目標もどんどん書き込んで。見返ししやすい、色ペンやフレームで目立たせて！

word check

- □ **in 3 years**　3年後に
- □ **I'll speak English fluently.**
  英語がペラペラになる（目標として）
- □ **weekly goal**　今週の目標
- □ **English conversation café**
  英会話カフェ
- □ **I'll memorize 10 words per day.**
  単語を1日10個覚える（目標として）
- □ **I tweeted in English!!**
  英語でツイートした!!
- □ **I installed an English learning app.**
  英語学習のアプリを入れた
- □ **I had a video chat.**
  ビデオチャットした
- □ **w / Oliver**　オリバーと
- □ **I was exhausted.**　ヘトヘトに疲れた
- □ **tired**　クタクタ
- □ **useful reference book**
  お役立ちの参考書

恋愛日記

素敵な出会いやデートの感想、相手への思いなど、英語だと恋愛のコメントも、意外と素直に書けてしまうもの。恋愛気分も盛り上がりますよ。

ここを参考に

- 恋愛の日記 ➪ P.118
- 恋愛の夢を叶えよう ➪ P.88

月や週ごとに目標 My goalを書くのもおすすめ

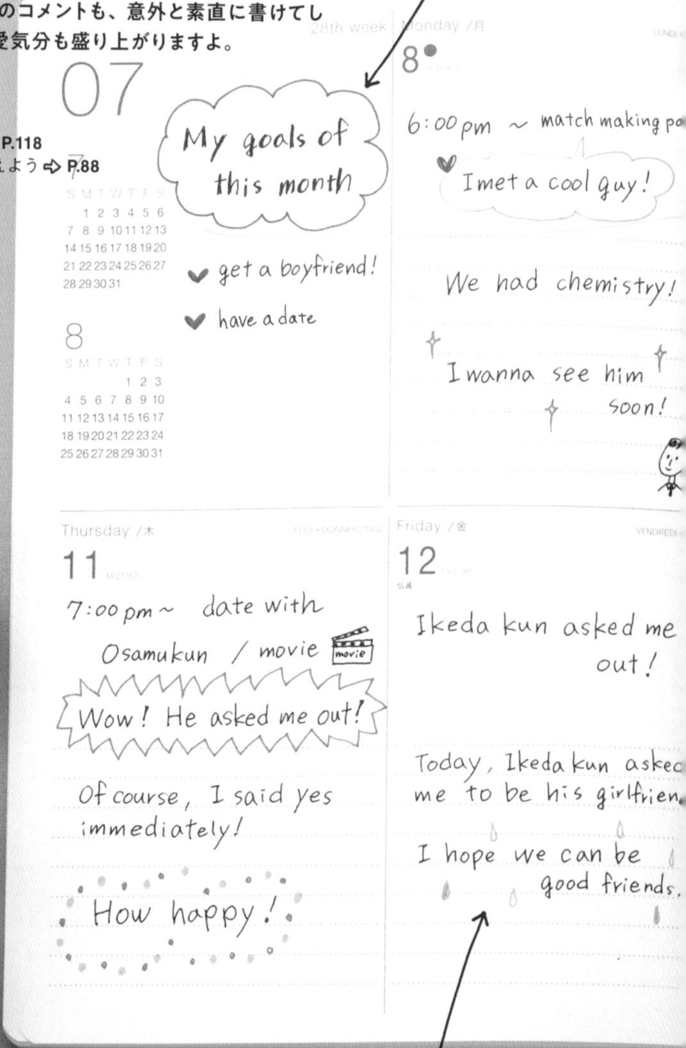

告白など、その日一番のトピックをひとこと日記に

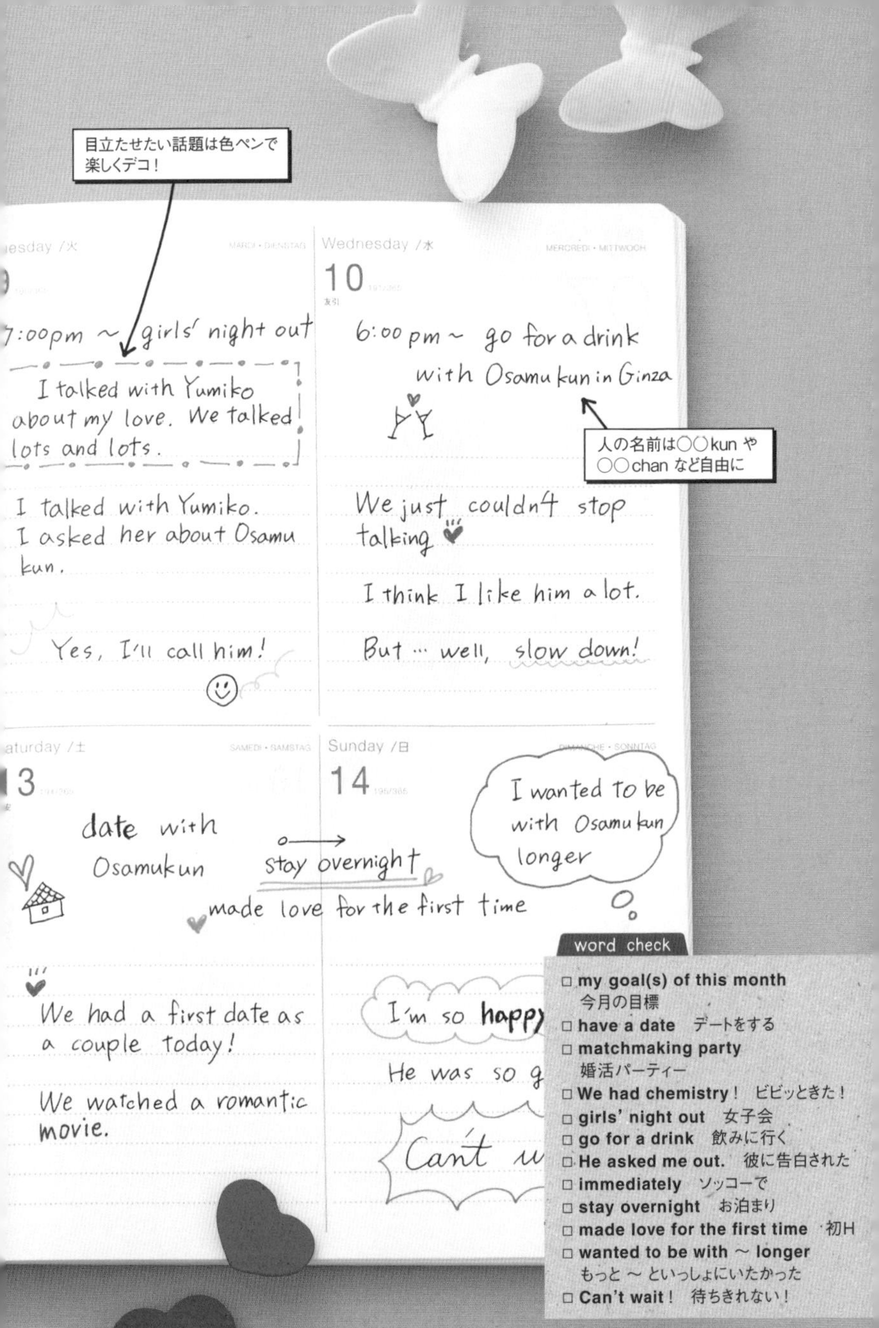

word check

- □ my goal(s) of this month 今月の目標
- □ have a date　デートをする
- □ matchmaking party 婚活パーティー
- □ We had chemistry！　ビビッときた！
- □ girls' night out　女子会
- □ go for a drink　飲みに行く
- □ He asked me out.　彼に告白された
- □ immediately　ソッコーで
- □ stay overnight　お泊まり
- □ made love for the first time　初H
- □ wanted to be with ~ longer もっと ~ といっしょにいたかった
- □ Can't wait！　待ちきれない！

仕事日記

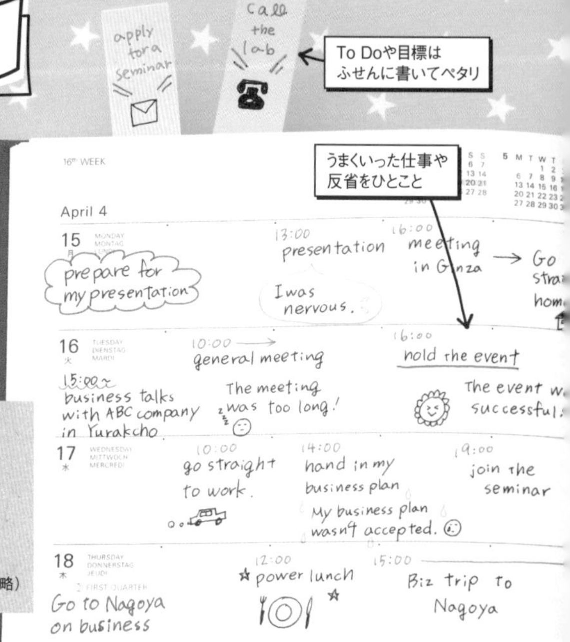

予定に結果や感想を添えるだけでも、立派な日記に。仕事の英会話にも役立てて！

ここを参考に

- 仕事の日記 ➪ P.114
- 仕事の夢を叶えよう ➪ P.84

word check

- □ **prepare for my presentation** プレゼンテーションの準備をする
- □ **meeting** 打ち合わせ
- □ **go straight home** 直帰
- □ **business talks** 商談
- □ **hand in my business plan** 企画提出
- □ **Biz trip** 出張（Biz＝business の略）

お金日記

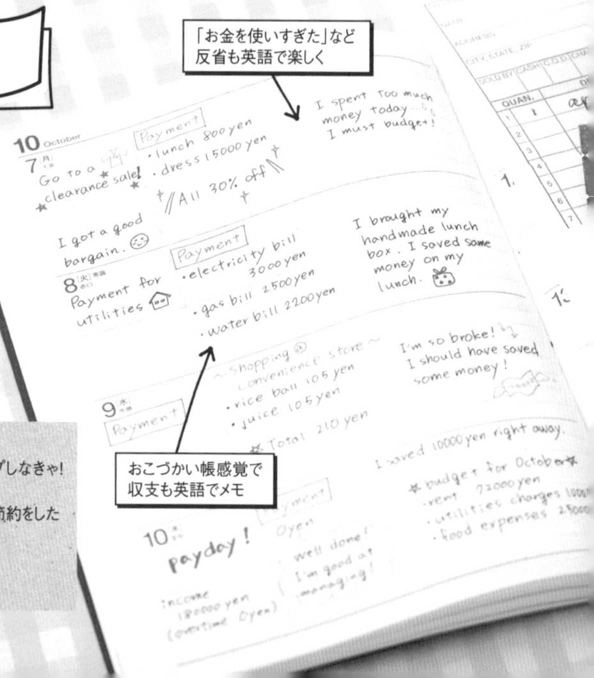

毎週、毎月の収支をメモするだけで、費目の単語を覚えられます。貯金の目標も書いて！

ここを参考に

- お金の日記 ➪ P.122
- お金の夢を叶えよう ➪ P.92

word check

- □ **payment** 支出
- □ **I must budget!** 予算をキープしなきゃ！
- □ **I'm so broke!** ガチ金欠！
- □ **saved some money** 貯金／節約をした
- □ **payday** 給料日
- □ **electricity bill** 電気代

＊ほか費目はP.123～参照

料理日記

ここを参考に
・趣味の日記 ➪ P.107

おいしかったレシピ、レストランのメニューなどを感想とともに英語で記録。食材や調理などの単語も覚えられ、情報満載の手帳に！

その日の料理のテーマを。文字のデザインもひと工夫

メニューも記録。和食はローマ字でOK

英語でひとこと食レポを!

力作のお弁当など写真を貼ると楽しい

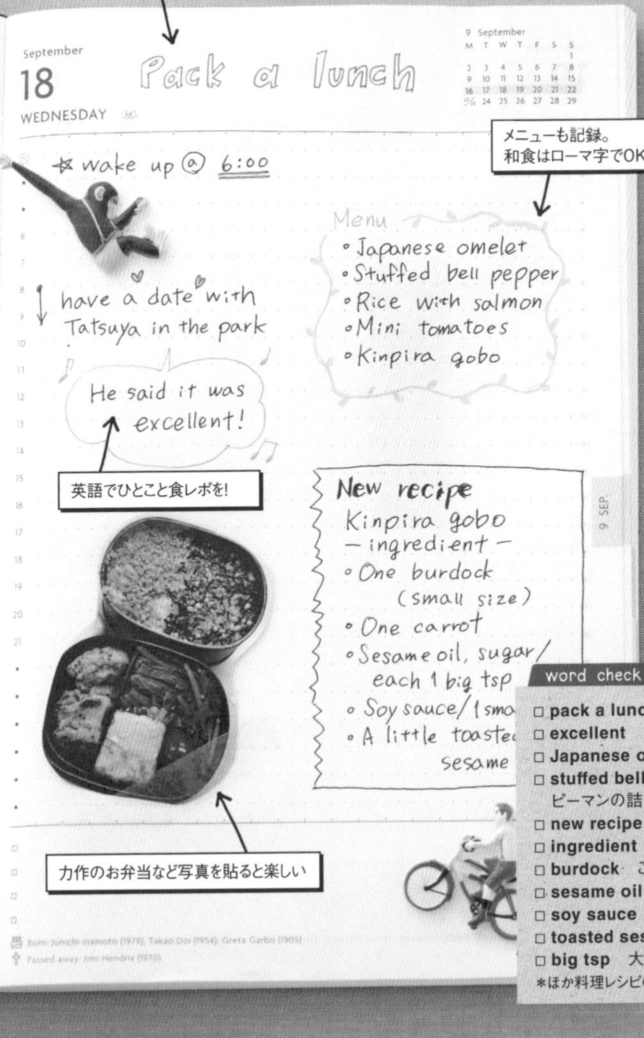

word check

- □ **pack a lunch**　お弁当作り
- □ **excellent**　すごいね
- □ **Japanese omelet**　たまご焼き
- □ **stuffed bell pepper**　ピーマンの詰めもの
- □ **new recipe**　新しいレシピ
- □ **ingredient**　材料
- □ **burdock**　ごぼう
- □ **sesame oil**　ごま油
- □ **soy sauce**　しょうゆ
- □ **toasted sesame seeds**　いりごま
- □ **big tsp**　大さじ（tsp=teaspoon(s)の略）

＊ほか料理レシピの単語は**P.107**参照

旅行日記

ここを参考に

• 趣味の日記 ➩ P.106

楽しかった旅の思い出を書き残して。交通や宿泊などの定番フレーズは、覚えてしまえば簡単。英語で書くと見た目もおしゃれ！

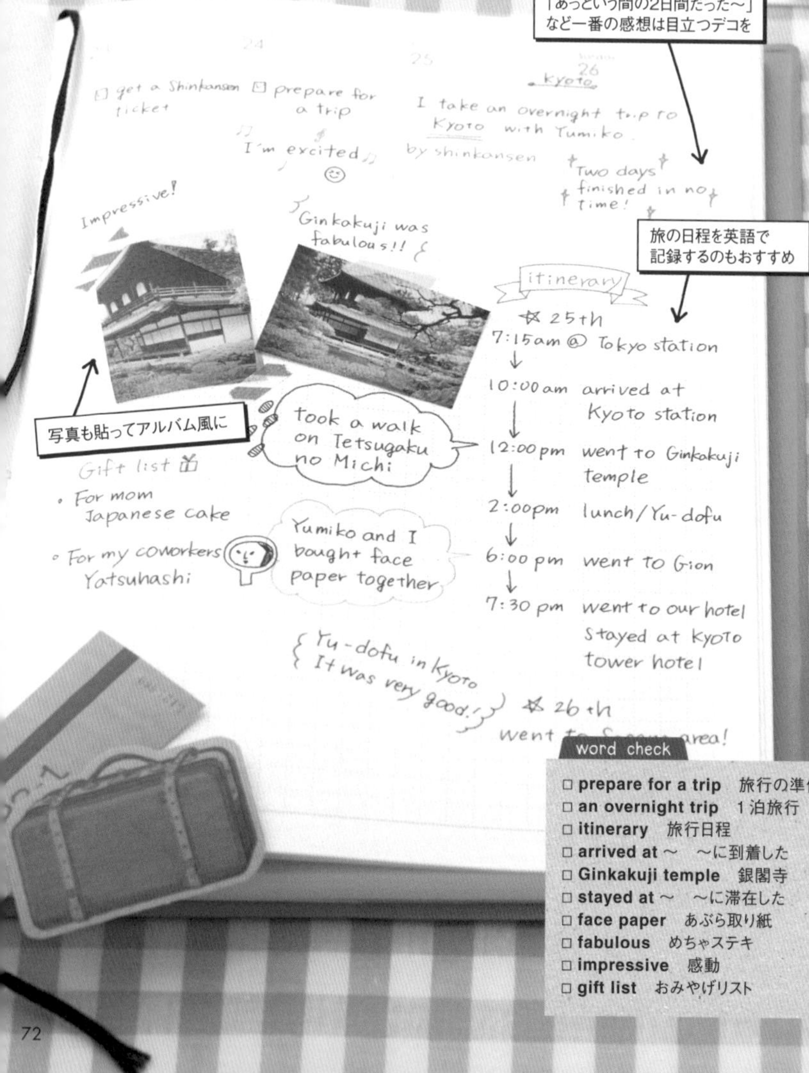

word check

- □ **prepare for a trip**　旅行の準備
- □ **an overnight trip**　1泊旅行
- □ **itinerary**　旅行日程
- □ **arrived at ～**　～に到着した
- □ **Ginkakuji temple**　銀閣寺
- □ **stayed at ～**　～に滞在した
- □ **face paper**　あぶら取り紙
- □ **fabulous**　めちゃステキ
- □ **impressive**　感動
- □ **gift list**　おみやげリスト

ライブフェス日記

ここを参考に

- 趣味の日記 ➩ P.108
- Part1 感情テーマ別 ひとことコメント集 ➩ P.18～

ライブや音楽フェスなどは、英語表記も多く
そもそも英語の予定や日記が書きやすいはず。
音楽つうな雰囲気満点のかっこいい手帳に！

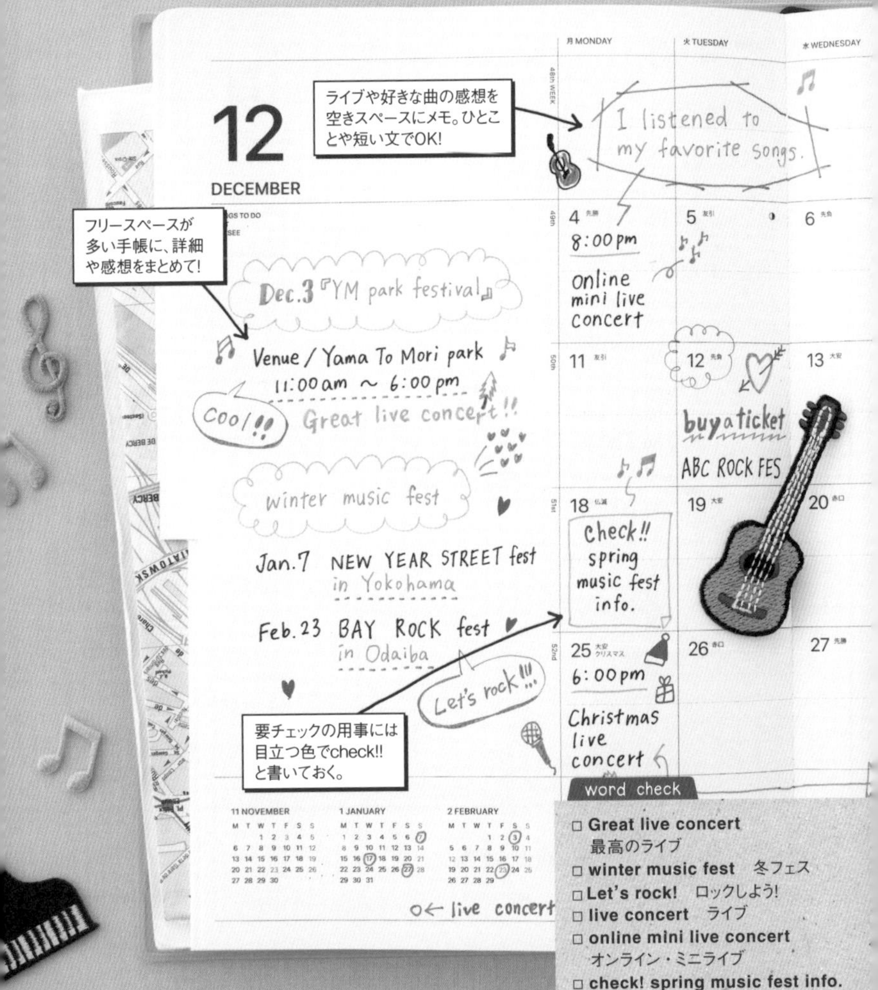

word check

- □ **Great live concert**
  最高のライブ
- □ **winter music fest**　冬フェス
- □ **Let's rock!**　ロックしよう!
- □ **live concert**　ライブ
- □ **online mini live concert**
  オンライン・ミニライブ
- □ **check! spring music fest info.**
  春フェスの情報を調べる

手帳日記のほかにも!

ちょこっと英語の活用法

日記だけでなく、日常で英語を「書く」チャンスは意外とあるものです。たとえばこんなシーンで、本書の“ちょこっと英語”を使いこなして!

*カード、上から順に
「お会いできて、とてもうれしかったです」
「おめでとう! やったね!」
「お心遣いに感謝します」
「私のこと、気にかけてくれてありがとう」

Message Cards

メッセージカード

お礼やお祝いのカードに、英語のメッセージを添えてみましょう。 P.130からのシーンで選べるカード例文も役立てて。

ここを参考に

• 英語のメッセージカードテンプレート集 ➪ P.130～

訳

Instagram:
アメリカでおにぎりが人気だって！
だから、今日のお昼はおにぎり。
具は大好きな明太子。
うま〜い♡

Twitter:
私の今一番の推しはJAY。
クールなのに愛されキャラ。
そのギャップに沼落ち。

SNS

(Social Networking Service)

海外発のSNSを活用して、ちょこっと英語日記の練習をしても。ちなみに、海外ではSNSではなくsocial mediaと呼ぶのが一般的です。

ここを参考に

• Part3 日常生活の日記を書こう ➪P.50〜
• Part5 好きなことの日記を書こう ➪P.102〜

訳
cleaning　掃除
skin clinic　皮膚科
trip to a hot spring　温泉旅行
I fell asleep…　ウトウトしちゃった…
clap　パチパチ（拍手）
I was so moved!　ちょー感動した！
payday　給料日
girls' night out　女子会
pit-a-pat　ドキドキ～
ward office　区役所

Calendar

カレンダー

手帳と同様、カレンダーも毎日のちょこっと英語にぴったりのツール。予定を単語で書いたり、コメントを入れて楽しみましょう。

ここを参考に

- 英語でちょこっと日記 キホンの書き方1 マンスリー手帳で ➪ **P.8**
- Part1 感情テーマ別 ひとことコメント集 ➪ **P.18～**

訳　ケーキの写真
「20歳のお誕生日おめでとう！　大好きだよ」
料理の写真
「友達と家飲み。おいしかった〜」

Photo Book

フォトブック

お気に入りの写真にも、英語でひとことコメントを書いてアルバムに貼って。見るたびに楽しくなるオリジナルフォトブックの完成！

ここを参考に

• Part1 感情テーマ別 ひとことコメント集 ➪ P.18〜

訳

健次へ
こんにちは！　最近どう？
私は元気です。
先日、ゆみこと１泊旅行で京都へ行ったの。
あっという間の２日間だった〜。
楽しくて、帰りたくなかったよ。
いつか、あなたとも行けたらいいな。
つぎに会えるのを楽しみにしてるね！
体に気をつけて。またね！
みほより

Letters to Friends

友達への手紙

海外在住や英語好きの友達へ。おしゃべり感覚の手紙なら、英語日記の応用で十分書けます。シンプルでかえって、気持ちが伝わるかも！

ここを参考に

- Part3 日常生活の日記を書こう ➪ P.50〜
- Part5 好きなことの日記を書こう ➪ P.102〜

part4

書いてから、何度も読み返すとミラクルが!

Sally式

夢叶え日記を書こう

思わず書きたくなる、夢や目標がずらり。しっかりクリアするための書き方のコツもチェック。自分の意識や行動が自然と実現に向かい、どんどん夢が叶いやすくなります!

Sally式

夢叶え日記
書き方のポイント

ワクワクしながら英語日記を続ける秘訣はこれ!
英語を覚えながら、しっかり夢や目標を実現させる
書き方のコツをご紹介します。

英語の夢叶え日記 ⇨ P.66～67

POINT 1

叶えたい夢は I'll (will) ～ と書く

未来を表す助動詞willには、もともと「意志」の意味があります。例文の和文は現在形にしていますが、英文では、夢や目標を実現させる強い意志を表してI will＝I'll～を使い「～になる!」という決意を込めて書きましょう。willの後は動詞の原形に。

POINT 2

大きい夢には デコフレームをつける

夢や目標はただ書くだけでなく、それを何度も目にすることで脳にインプットされます。とくに叶えたい大きな夢は、フレームで飾ってしっかり目立たせて。本書のフレームのイラストを参考に、手帳の最初のページや月頭などに大きく書きましょう。

かわいいフレームで目立たせるのがコツ。写真を撮って、スマホやPCの待ち受けにするのもおすすめ!

訳 ～3年後に～
英語が
ペラペラになる

\\ POINT 3 //

夢に向け、今やるべき小さな目標を書く

夢は大きく、日々の目標は小さくが実現のコツ。最初に大きな夢を書いたら、その実現のためにまずはやるべきこと＝今の目標を手帳の月や週の頭に書き出しましょう。目標も書くだけで終わらないように、何度も見て達成度をセルフチェックして。

□ 週の目標　**weekly goal(s) ／ My Goal(s) of this week**
□ 月の目標　**monthly goal(s) ／ My goal(s) of this month**

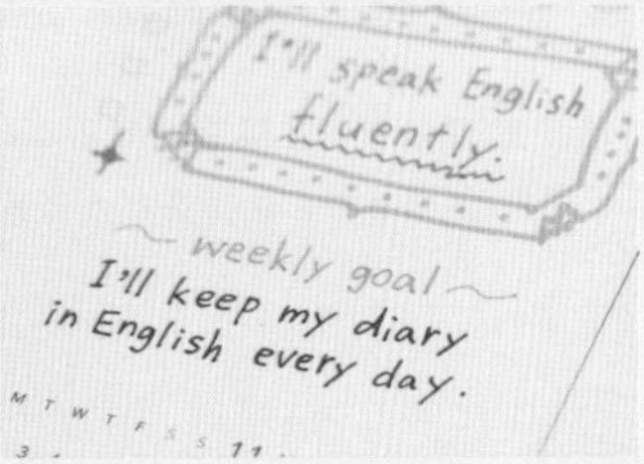

目標goalの見出しも書いて。目標が複数であればgoalsに。Myはつけるほうがベター。

\\ POINT 4 //

どんどん書いて、くり返し読む！

堅苦しく考えず、日常で思いついた夢や目標、アイデアなども手帳に書き足して。「絶対に」「必ず」や期限をプラスするのもおすすめ。とにかく書いて、目で見て、さらに読み返して聴くのがSally式！　実現の力も英語力もアップしていきます。

Sally式・夢を叶えるステップ

1　夢や目標を書き出す
2　何度も見返す
3　寝る前などに声に出して読み返す
4　どんどん書き足し、書き直してもOK

意気込みや期限の単語

□ **absolutely ／ definitely**
絶対に ／ 確実に

□ **certainly ／ surely**
必ず ／ きっと

□ **by ～ ／ within ～**
～までに ／ ～以内に

時間の表現 ⇨ P.100

習い事・勉強の夢を叶えよう

習い事や勉強こそ、目標を立てることが達成の第一歩。
大きな夢に向かって、目標をどんどんクリアしていきましょう！

Dream of studying

フレームに書きたい
大きな夢

I'll speak English fluently.
英語がペラペラになる

fluently 流暢に。**English** の部分をいろんな語学に応用して。

I'll pass a Boki 1st grade qualification.
簿記1級をとる

資格を「とる」、試験に「受かる」は**pass**または**get**を使って。

I'll get into Tokyo University.
東京大学に合格する

入試の場合は**get into**～で「～に合格する」。～は学校や組織の名称。

I'll study abroad.
海外に留学する

「アメリカに語学留学する」なら**I'll go to the US to study English.**

word list 勉強したい語学に応用OK
- **Chinese** 中国語　・**Korean** 韓国語　・**German** ドイツ語
- **French** フランス語　・**Italian** イタリア語
- **Spanish** スペイン語　・**Russian** ロシア語　**etc...**

まずはここから
今の目標を書こう

英会話のオンラインレッスンを始める
I'll take English online lessons.

海外ドラマを英語で観る
I'll watch oversea dramas in English.

毎日、英語日記をつける
I'll keep my diary in English every day.

TOEICで900点以上とる
I'll score over 900 on TOEIC.

料理教室に申し込む
I'll apply for a cooking class.

ボクシングの体験レッスンをする
I'll take a boxing trial lesson.

毎日3時間、机に向かう
I'll study three hours a day.

問題集をやり終える
I'll finish my workbook.

留学の情報を集める
I'll collect some information about studying abroad.

単語を1日10個覚える
I'll memorize 10 words per day.

韓国語を独学で勉強する
I'll study Korean by myself.

仕事の夢を叶えよう

無理と決めつけず、まずは仕事のビジョンを具体的に書いてみることが大切です。勉強が必要ならP.82～83も参考に！

フレームに書きたい

大きな夢

I'll be an artist!

アーティストになる！

「～になる」は**will be**または**will become**を使う。

I'll pass my promotion exam.

昇進試験に合格する

promotion には昇進、進級の意味も。**exam**は**examination**の略。

I'll get a job at ABC corp.

ABC社に就職する

get a job at～で「～に就職する」。**corp**は**corporation**の略。

I'll get the president award!

社長賞をとる！

the president awardで社長賞。表彰の金一封は**cash award**

word list　なりたい職業を書こう！

- **doctor** 医師　・**writer** 作家　・**singer** 歌手　・**dancer** ダンサー
- **pharmacist** 薬剤師　・**artist** アーティスト/画家
- **cooking expert** 料理研究家　・**civil servant** 公務員　**etc...**

Dream about work

I'll change my job before next year.

来年までに転職する

「2年後に」は **in two years** で「年内に」なら **within the year**

I'll be the top sales person in my office!

社内で営業成績トップになる！

計画や目標の「営業成績を達成する」は **achieve sales performance**

こちらも参考に!

I'll be transferred to overseas office.
海外に赴任する

I'll start my own business.
独立・起業する

I'll have my own cafe.
カフェを開業する

I'll achieve an annual income of 10 million yen.
年収1000万になる

I'll be posted in PR section.
広報部に配属される

I'll get promoted to manager.
主任に昇進する

I'll be transferred to PR section.
広報部に異動になる

I'll make this plan a success.
企画を成功させる

I'll get a raise!
昇給する!

仕事の夢を叶えよう

まずはここから

今の目標を書こう

- 就職（転職）情報を集める
  I'll get employment (career change) information.

- 就活セミナーに参加する
  I'll attend a seminar for job hunting.

- もっとスキルアップする!
  I'll improve my skills!

- 昇進試験の勉強をする
  I'll study for the promotion exam.

- 週に3本、企画を考える
  I'll make three business plans a week.

- ビジネス書を3冊読む
  I'll read three business books.

- 勉強会（研修）に参加をする
  I'll join a workshop (training).

- 異業種の人と話をする
  I'll talk to people from different industries.

- メールの返信をスピーディにする
  I'll reply to emails promptly.

- 会議で自分の意見を言う
  I'll tell my opinion in a meeting.

- アイデアは即メモする
  I'll take a note at once when I get an idea.

Dream about work

仕事の効率アップを心掛ける
I'll try to increase efficiency at my work.

プレゼンを成功させる
My presentation will be successful.

上司に希望の仕事について相談をする
I'll talk with my boss about the work I want.

資料（名刺）をきちんと整理する
I'll organize my documents (business cards).

異動願いを出す
I'll ask for a transfer to another section of the company.

新しい取引先を開拓する
I'll get more new clients.

絶対に契約をとる
I'll definitely get a contract.

田中さんに仕事のやり方を教わる
I'll ask Tanaka san how to work well.

plus one!

忘れがちな目標はふせんを活用

夢や目標を書き出しても、そのまま忘れては意味なし。特になかなか達成できない日々の目標はふせんに書いて、手帳の目につく場所にくり返し貼りましょう。そのつど「今度こそ」と意識できるはず。

恋愛の夢を叶えよう

「恋人をつくる」「結婚する」…「推しに会う!」なんてのもアリ。
叶えたいと思う恋愛にまつわる夢や目標を書きましょう!

フレームに書きたい 大きな夢

I'll get Mr. Right!
理想の彼と出会う

Mr. Right は結婚相手にふさわしい理想の男性という意味。**R**は大文字に。

I 'll get married within three years.
3年以内に結婚する

within～以内に。**in three years**だと「3年後に」となるので注意!

I'll be his girlfriend!
彼の恋人になる！

女友達でなく"彼女"になるという意味。**will be**で「～になる」。

I'll have a boyfriend!
彼氏を作る！

boyfriend は男友達のイメージだけど、英語では恋人を指す。

word list

どんな人かを表す形容詞をつけ足そう！

例：**I'll get a** ＿＿ **guy.** ＿＿な人と出会う

- **cool** かっこいい
- **honest** 誠実な
- **smart** 頭のいい
- **funny** おもしろい

人の印象・性格の表現 ⇨ P.28～

Dream of love

I'll live with him.

彼といっしょに住む

結婚前の恋人との同居は楽しいもの。「同棲する」は **live together** と言う。

I'll go to Hawaii with him.

彼とハワイに行く

新婚旅行に行く場合は、地名の後に **for my honeymoon** をつけて。

こちらも参考に!

I'll definitely marry a kind guy.
絶対にやさしい人と結婚する

I'll seriously start looking for my future husband.
本気で婚活をする

I'll ask him out!
彼に告白する!

I'll make him fall for me!
彼を振り向かせる!

I'll be a celebrity's wife!
セレブ婚をする!

I'll ask him to get married.
彼にプロポーズする

I'll wear a wedding gown.
ウェディングドレスを着る

I'll have an overseas wedding.
海外で結婚式を挙げる

I'll buy my own house in three years.
3年後にマイホームを買う

まずはここから

今の目標を書こう

SNSで気の合う男友達を増やす
I'll have more male friends on social media.

マッチングアプリに登録する
I'll sign up for a dating app.

結婚紹介所に申し込む
I'll sign up at a matchmaking service.

婚活パーティーに参加する
I'll join a matchmaking party.

趣味のサークルに参加する
I'll join some clubs.

友達に男の人を紹介してもらう
I'll ask my friend to introduce me to a man.

はるかの真似をする
I copy Haruka's style.

料理上手になる!
I'll become a better cook!

バレンタインチョコを手作りする
I'll make chocolate for Valentine's Day.

推しに会いに大阪に行く
I'll go to Osaka to see my bias.

彼の好みをリサーチする
I'll find his favorite things.

Dream of love

(♡▽♡)

明日、彼にLINEでメッセージを送る!
I'll LINE him tomorrow!

彼にもっと話しかけてみる
I'll talk to him more often.

彼好みの服を買う
I'll buy his favorite clothes.

彼に誕生日プレゼントを渡す
I'll give him a birthday present.

彼を飲みに誘う
I'll ask him to go for a drink.

彼の気持ちを理解する
I'll understand his feeling.

彼ときちんと話し合う
I'll talk with him more seriously.

デートの時間をもっと作る
I'll make more time for our date.

plus one!

理想は具体的にビジュアル化して

「どんな結婚をしたい」「こんな家に住みたい」など、理想のイメージは具体的なほど、意欲や行動にも結びつきます。さらに視覚で脳にインプット。写真や雑誌の切り抜きなど、理想に近いビジュアルを夢とともに貼ってみて。

お金の夢を叶えよう

基本はやっぱり貯金。ほかにも給料や年収、ロトくじのような棚ボタの収入など、手にしたいお金の夢を大きく書きましょう！

Dream of money

フレームに書きたい
大きな夢

I'll save five million yen!
500万円貯金する！

save で貯金する。**one million**＝100万ほか、下記を参照して。

I'll make ten million yen!
年収1000万円になる！

make＋金額で「（金額の年収）を稼ぐ」の意味に。**ten million**＝1000万。

I'll get a salary increase.
給料をアップさせる

get increaseで数量を「アップさせる」。年収は**annual salary**に。

I'll win first prize in a lottery!
宝くじで1等を当てる！

宝くじやロトくじは**lottery**という。**first prize**は1等賞。

word list

目標額は～ **yen**と明確に！
頭は小文字に。数字で書いてもOKですが、英語のスペリングの勉強に。

- **ten thousand**＝1万
- **one million**＝100万
- **one hundred million**＝1億
- **one hundred thousand**＝10万
- **ten million**＝1000万
- **one billion**＝10億

まずはここから

今の目標を書こう

- 月3万円貯金をする!
  I'll save thirty thousand yen a month!
- 家計管理アプリを使う
  I'll use my household budgeting app.
- ムダ使いをしない
  I won't waste my money.
- 定額預金を始める
  I'll start fixed-amount savings.
- 副業／アルバイト を探す
  I'll look for a side business／part-time job.
- お弁当を作って節約する
  I pack a lunch and save some money.
- 自転車通勤で交通費をうかす
  I ride my bike to work and save some money.
- マネー誌を読む
  I'll read a financial magazine.
- 株の勉強をする
  I'll study stock transactions.
- 衣類をオークションサイトで売る
  I'll sell my clothes on an internet auction.
- ブランドのバッグを買い取りに出す
  I'll sell my designer bag.

キレイの夢を叶えよう

美しくなりたい夢はつきないもの。夢や目標に加えてボディサイズや体調を記録したり、日記でも日々の成果をつづりましょう！

Dream of beauty

フレームに書きたい
大きな夢

I'll lose
5 kilos!
5Kgやせる！

lose で体重が減る＝やせる意味に。**kilo(s)**は **kg** と書いてもOK。

I'll have a figure
like the model A!
モデルのAみたいな体形になる！

Aには名前を入れて。女優なら **actress,** 著名人なら **celebrity** に。

I'll be careful
what to eat.
食生活を整える

直訳すると「何を食べるか気をつける」。食生活は本来、**diet**という。

I'll get
beautiful skin.
美肌を手に入れる

美肌は普通に**beautiful skin**でOK。美髪なら**beautiful hair**に。

word list
「期限」を決めてモチベーションをアップ！
～までに **by,**　～以内に **within** を使って。
例：**I'll lose 5 kilos by March ／ within March.**
3月までに／3月以内に 5kgやせる

時間の表現 ⇨ P.100

まずはここから

今の目標を書こう

スポーツジムに通う

I'll go to sports gym.

1日1万歩、歩く

I'll walk 10,000 steps per day.

1日15分、エクササイズを続ける

I'll keep doing my exercises 15 min. per day.

糖／炭水化物 を控える

I'll take less sugar／carbohydrate.

食べたものを毎日記録する

I'll note down what I eat every day.

野菜をもっと食べる

I'll eat more vegetables.

間食をしない

I won't eat any snack foods.

21時以降は食べない

I won't eat after 9:00pm.

飲み過ぎ厳禁!

Drinking too much is bad!

加湿器を買う

I'll get a humidifier.

フェイシャルエステを受ける

I'll have a facial treatment.

いろいろな夢を叶えよう

自分自身や暮らしをレベルアップさせる夢は、まだまだあるはず。
叶えたいと思うことをどんどん書いてみましょう!

フレームに書きたい 大きな夢

I'll start living on my own.
ひとり暮らしをする

独立してひとりで暮らすこと。**live alone** や **live by myself**でもOK。

I'll take a trip to Europe.
ヨーロッパ旅行をする

「世界一周旅行をする」は **I'll travel around the world.**

I'll find my lifework.
ライフワークを見つける

lifeworkは生涯をかける仕事。使命や天職なら**calling**などという。

I'll buy a condo.
分譲マンションを買う

condo＝**condominium**の略。一戸建ての場合は**house**に。

word list　ときどき英語で自己評価 **self-evaluation**

- **Perfect! Excellent!** 完璧！　・**Cleared the goal** クリア
- **OK! Pass** まあ、よし！　・**Good!** 合格！　・**F (Failure)** 不合格
- **Try again!** やり直し！　・**Think about it!** 反省せよ！　・**Give up** 断念

Dream of lots of things

I'll be a sophisticated lady.

知的美人になる

sophisticated ladyで、教養のある洗練された女性を意味する。

I'll make a lot of friends.

友達をたくさん作る

サークルで～ from my club, SNSで～ on social mediaをつけ足す。

こちらも参考に！

I'll find what I really want to do.
本当にやりたいことを見つける

I'll change my life style.
ライフスタイルを変える

I'll write a novel／autobiography.
小説／自叙伝を書く

I'll do something nice for my parents.
親孝行をする

I'll develop a sense of style.
おしゃれのセンスを磨く

I'll live abroad.
海外で暮らす

I'll create a perfect room.
理想の部屋に変える

I'll get a driver's license.
運転免許を取る

I'll travel in space.
宇宙旅行に行く

まずはここから

今の目標を書こう

インスタグラムを毎日アップする
I’ll upload to Instagram every day.

（SNSの）フォロワー1万人を目指す
I’ll aim for 10,000 followers on social media.

何か新しいことにチャレンジする
I’ll try something new.

ひとり暮らしの費用を調べる
I’ll look up all the cost of living alone.

住宅情報をリサーチする
I’ll look up housing information.

旅行のプランを立てる
I’ll make a plan for my trip.

本を毎週3冊読む
I’ll read three books every week.

毎朝、ニュースをチェックする
I'll check the news every morning.

美文字の練習をする
I’ll practice good handwriting.

憧れの人のライフスタイルを真似する
I’ll copy the life style of my ideal person.

昔の友達に連絡をする
I’ll contact my old friends.

Dream of lots of things

毎日、笑顔で過ごす
I'll smile every day.

「ありがとう」を口ぐせにする
"Thank you" will be my favorite phrase.

きれいな言葉づかいをする
I'll speak politely.

自分の長所を書き出す
I'll make a list of my good points.

人の話をもっとよく聞く
I'll listen to other people more carefully.

両親と話す時間を作る
I'll make time to talk with my parents.

不用品を捨てる
I'll throw out junk.

インテリアのショップを見て回る
I'll take a look around some interior shops.

plus one!

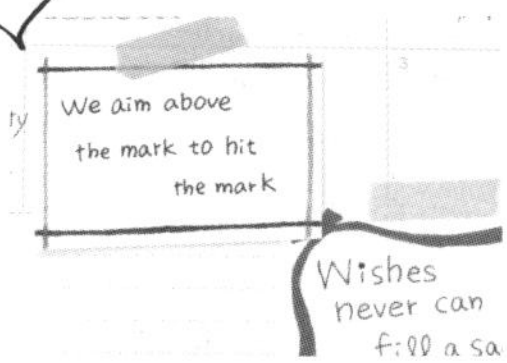

ワクワクする言葉はカードでストック

心に残った名言・格言（⇒P.126）など、元気が出たりワクワクする言葉は、どんどん夢叶え日記に書き添えて。カードに書きため、自分好みの名言集を作るのもおすすめ。手帳に貼って差しかえて楽しみましょう。

sally's column 3

時間の表現を覚えよう

日記文に「時間」をつけ加えて

日記文が「いつ」の出来事か、予定や目標には「期限」「期間」も英語で書いてみましょう。覚えておくと、仕事などの英語メールにも役立ちますよ。

いつ・タイミング

- 今日 **today**
- 今朝 **this morning**
- 今晩 **this evening**
- 午前中に **in the morning**
- 午後に **in the afternoon**
- 1日じゅう **all day**
- 深夜まで **until midnight**
- 先日 **the other day**
- 土曜日に **on Saturday**
- 昨日 **yesterday**
- おととい **the day before yesterday**
- 明日 **tomorrow**
- あさって **the day after tomorrow**
- しあさって **two days after tomorrow**
- 先週末 **last weekend**
- 今週末 **this weekend**
- 来週末 **next weekend**
- 毎週末 **every weekend**
- 土曜日ごとに **every Saturday**
- 1日おきに **every other day**

予定や目標などの期限

～までに

- 3年以内に **within three years**
- 5月までに **by May**
- 来年の3月までに **by next March**
- 来月までに **by next month**
- 月末までに **by the end of this month**
- 今月の中旬までに **by the middle of this month**
- 来年の初旬までに **by early next year**
- 3月下旬までに **by late March**
- 15日までに **by 15th**
- 水曜日までに **by Wednesday**

～後に

- 3年後に **in three years**
- 半年後に **in half a year**
- 1か月後に **in one month**

予定などの期間

- 8時から17時まで
  from 8:00am to 5:00pm
- 12月28日から1月3日まで
  from Dec.28 to Jan.3

月の省略形⇨P.32

part5

興味があるだけ続く! 覚える!

テーマ別

好きなことの日記を書こう

英語日記の書き方がわかってきたら、テーマ別のいろいろな日記(P.66~)に挑戦を。習い事・勉強から趣味、仕事、恋愛、お金! 用語なども学べ、ボキャブラリーも増えますよ。

習い事・勉強の日記

英語のレッスンをはじめ、趣味の習い事、仕事に役立つ勉強など「自分を磨くための日記」をつけてみましょう。目標やコメントもたくさん書いて!

英語レッスンの夢叶え日記⇨P.66 ~ 67

今日はオンライン英会話のレッスンだった

I had an online English lesson today.

パソコン講座に申し込んだ
I applied for a computer course.

ひとことコメント
I'll do it!
よし、やるぞ!

ヨガの1日レッスンに参加した
I participated in a one-day yoga lesson.

ダンスの体験レッスンをした
I took a trial dance lesson.

word list
- 料理 **cooking**
- 茶道 **tea ceremony**
- 書道 **calligraphy**
- 武道 **martial arts**
- ピアノ **piano**
- ギター **guitar**
- フラワーアレンジメント **flower arrangement**

今日のレッスンはとても勉強になった
I learned a lot from today's lesson.

今日のレッスンはついていけなかった…
I couldn't follow today's lesson...

レッスンの予習をした
I prepared for my lesson.

word list
- 復習をした **reviewed ~**

けっこう上達したな~
I think I'm getting better.

ひとことコメント
Stick to it!
粘り強く!

宿題がたくさん出た
They gave us a lot of homework.

Go for it!
がんばれ~!

自分磨きをするぞ!
I'll improve myself!

applied

セミナーに参加した

I participated in a seminar.

word list

講習会
workshop

研修会
training session

講師のA氏と話ができた

I was able to speak to the lecturer A.

キャリアアップセミナーを検索した

I searched for career improvement seminars.

自分流で英語の勉強をした

I studied English on my own.

英語学習のアプリを入れてみた

I installed an English learning app.

インスタグラムに英語で書き込んだ

I posted a message in English on Instagram.

英語でツイートした

I tweeted in English.

今日は1時間、勉強した

I studied for one hour today.

あまり勉強がはかどらなかった

I didn't make good progress with my study.

お役立ちの参考書をゲットした!

I bought a useful reference book!

ひとことコメント

Let's try!

やってみよう!

資格（検定）試験を受けた

I took a certification exam.

今日の試験、がんばったな～

I did my best on today's exam.

今日の試験、楽勝だった♪

Today's exam was a piece of cake ♪

今日の試験、結果はビミョー…

I didn't do so well on today's exam...

思っていたより難しかった…

It was harder than I thought...

ちょっと勉強不足だった…

I didn't study enough...

試験に受かった～!

I passed the exam!

くやしい!不合格だった…

How frustrating! I failed the exam...

もう一度、勉強し直そう

I'm going to study all over from the basics.

試験勉強をがんばった

I studied hard for the exam.

次の試験にエントリーをしたぞ!

I applied for the next exam!

word list

〇〇アドバイザー
~ advisor

〇〇カウンセラー
~ counselor

初級
elementary level

中級
intermediate level

上級 **advanced level**

Sally's notes

試験は学生から大人まで

試験を意味する**exam**は**examination**の略。資格や検定の試験は**exam**だけでもOKです。ちなみに、英語検定（英検）は**English Proficiency Test**で1級は**first grade**と言い、準1級は**pre-first grade**と言います。

ひとことコメント

I made it!
できた～!

講義に出た

I attended the lecture.

word list
- 授業 class
- 補講・補習 supplementary class
- ゼミ seminar

サークル(部活)に出た
I participated in my club.

レポートを書いた
I wrote a paper.

ゆみこにノートをコピーさせてもらった
Yumiko let me copy her notebook.

一夜漬けで試験勉強をした
I studied all night for the exam.

"過去問"をゲットした!
I got past exam questions!

今日は期末試験だった
We had a final exam today.

卒論が終わらない…
I can't finish my graduation thesis...

がんばった成果を出そう!
I'll accomplish results!

Sally's notes

学生の論文レポートは…

paperと呼ぶのが一般的。「レポートを提出した」は**I submitted my paper.** ちなみに、サークルは和製英語。英語では大学のサークルも中・高校生の部活も**club**と言います。

word list
- 中間試験 mid-term exam
- 追試 makeup exam
- 模試 mock exam

ひとことコメント

Never give up!
あきらめるな!

improve myself!
自分を成長させる!

graduation thesis

趣味の日記

旅行、料理、ライブ、スポーツ、推し活も！　自分の好きなことを手帳に記録すれば楽しみ倍増。単語や英文もどんどん覚えてしまうはずです！

のんびりのコメント⇒P.26　料理日記⇒P.71　旅行日記⇒P.72　ライブフェス日記⇒P.73

旅行をした！
I took a trip!

word list
日帰り旅行
day trip
1泊旅行
overnight trip

ゆみこと新幹線で京都に行った
I went to Kyoto with Yumiko by Shinkansen.

word list
車　**car**
飛行機　**plane**
電車　**train**
バス　**bus**

温泉旅館に2泊した
I / We stayed at a hot spring inn for two nights.

word list
リゾートホテル
resort hotel
高級ホテル
luxury hotel
民宿
guest house

八坂神社へお参りした
I paid a visit to Yasaka Shrine.

ご当地名物の“ひつまぶし”を食べた
I had a local special dish “HITSUMABUSHI.”

ホテルの部屋の窓から海が見えた
I saw the ocean from the hotel window.

あっという間の2日間だったー！
Two days finished in no time!

忘れられない旅になった！
This trip was unforgettable!

絶対、また来ようと思った！
I definitely wanted to come again!

Sally's notes

「誰と」など言いたいときは…

彼と〜と言いたい場合は文末に**with my boyfriend**, 新婚旅行で〜なら**on my honeymoon**をつけ足します。

手料理を作った

I made home cooking.

今日はハンバーグを作った

I made hamburger stakes today.

パンを焼いた

I baked bread.

お弁当を作った

I packed a lunch.

フレンチに挑戦した!

I tried French cooking!

word list

- 和食 **Japanese ~**
- イタリアン **Italian ~**
- 中華 **Chinese ~**
- エスニック **ethnic ~**

今日の献立はカレーとサラダとスープ

Today's menu is curry, salad and soup.

盛りつけもキマッた!

It looked very nice!

レシピブログに投稿しよう!

I'll post on the recipe blog!

ひとことコメント

It was tasty!

おいしかった!

word list for recipe

- 材料 **Ingredients**
- 2人分 **2 servings**
- 大さじ1 **1 big tsp**
- 小さじ1 **1 tsp** (=tea spoon)
- 1カップ **1 cup**
- 1袋 **1 pack**
- 1片 **1 piece**
- 1枚 **1 slice**
- 少々 **a little**

※1以上は各単語を複数形に

- 作り方 **How to cook ／ recipe**
- じゃがいもを切る **cut a potato**
- 刻む **mince**
- 焼く
  - **bake**（オーブンで）
  - **broil**（直火で）
  - **gril**（網などで）
- 電子レンジにかける **heat ~ in a microwave oven**

- 炒める **fry**
- 煮る **boil**
- 蒸す **steam**
- つぶす **mash**
- 混ぜ合わせる **mix**
- かき混ぜる **stir**
- 注ぐ **pour**
- のせる **put**
- 加える **add**
- レシピ **recipe**

音楽フェスに参加した。

I went to the music festival.

来年も絶対に行きたい!

I definitely wanna go again next year!

カウントダウン・ライブに行った。

I went to a count down live concert.

other phrases

ロックの～
rock ～

クラシックの～
classical ～

ジャズの～
jazz ～

あいみょんの～
Aimyong's ～

ABCロックフェスのチケットを買った。

I bought a ticket for the ABC Rock fes.

サイコーに楽しかった!

I had a wonderful time!

大好きな曲を聞けた～

I listened to my favorite music.

今日はツアー初日だった!

It was the opening day of the tour!

word list

千秋楽・最終日
closing day

今日のライブ、ちょーシビれた!

I totally freaked out at their performance today!

Sally's notes

freak out
「シビれる～」は

「興奮してワケがわからなくなる」という意味。ネイティブがよく使う口語です。

彼はまじでかっこよかった

He was seriously so cool.

ひとことコメント

got excited!
盛り上がった～!

first-time participant!
初参加!

写真を撮った!

I took photos!

Sally's notes

Photos or photo?

写真1枚なら**a photo**に。他の例文も同様です。ちなみに「お気に入りの1枚が撮れた!」は、**I took a nice photo!**

風景写真を撮った
I took scenic photographs.

word list
人物写真 **portraits**
建築写真 **architecture photographs**
料理写真 **food photographs**

絵になる場所／人だったな
The place / person made a good picture.

手ブレしちゃった…
The photo came out blurred...

モノクロで撮ってみた
I took a black-and-white photo.

ペットと遊んだ

I played with my pet.

word list
犬　**dog**
猫　**cat**
インコ　**parakeet**
ハムスター　**hamster**
うさぎ　**rabbit**

今朝はジョンの散歩に行った
I took a walk with John this morning.

今日もジョンは元気いっぱいだった!
John was energetic as usual!

Sally's notes

元気がないときは

「ジョンは元気がなかった」は**John wasn't so energetic.**

ペットショップでジョンのごはんを買った
I bought dog food for John at a pet shop.

word list
首輪　**collar**
ケージ　**dog cage**

タマと一日中、遊んでた
I played with Tama all day.

獣医さんにジョンを診せた
I took John to vet.

獣医　**vet**
＝**veterinarian**の略

推し活にハマった

I'm into oshikatsu.

今日も推しのために働いた

I worked hard for my bias/oshi today.

推しの誕プレ（誕生日プレゼント）を買った

I bought a Bday (birthday) present for my bias.

神すぎるイケメンに、沼落ちした

I'm into a divine good-looking guy.

推しのライブチケットをゲットした

I got my bias' live concert ticket.

推しのやさしい声にキュン死した

I was lovestruck by my bias' gentle voice.

オールナイトで推し愛を語った

I talked about fan love all night.

推しのインスタをチェックした

I checked my bias' IG (Instagram).

推しのインタビュー掲載に涙した…

I cried when my bias' interview was featured...

オンラインファンミーティングに参加した

I participated in an online fan MTG (meeting).

Sally's notes

「推し」の英語訳について

「推し」は、**oshi**や**bias**と書いてOK。**bias**はもともと「偏り」や「偏見」という意味があり、**k-pop fan**から広まったそう。その他、**my favorite**の略語、**fav**もOK。**stan**は動詞でも名詞でも使えます。ちなみに「推しの～」と使う場合は**bias'/oshi's**～となります。

word list

アリーナ席
arena seat(s)

セットリスト　**set list**

（限定）グッズ
(limited) goods

word list

新曲リリース
new song release

テレビ出演
TV appearance

word list

オンライン交流会
an online event

握手会
a handshake event

リリイベ
a release event

ひとことコメント

It's here !!
キター!!

I'm dead
召されたわ～

推しのインスタライブ、サイコーだった!

My bias' IG live concert was fantastic!

絶対、目が合った———!

I definitely made eye contact with my bias.

限定版のアクスタ(アクリルスタンド)を予約した

I pre-ordered the limited edition acrylic stand.

名古屋ライブの準備をした

I prepared for the live concert in Nagoya.

推しの神対応に感動した!!

I was so impressed by my bias' divine reaction!!

推しの塩対応にうちのめされた

I was shocked by my bias' cold reaction.

特典イベントが当たった!

I won the chance to go to a special event!

推しのライブのために有給休暇をとった

I took a paid leave for my bias' live.

箱推しのグループが解散した

My ultimate bias group has disbanded.

単推しがソロデビューした!

My solo bias, made his solo debut!

激押しがグループを卒業した

My bias has graduated from the group.

推ししか勝たん

My bias is the only one for me.

Sally's notes

インスタライブの英訳は…

live stream on Instagramとちょっと長め。**Instagram**を略して、**IG live** でOK。

Sally's notes

ライブの持ち物を英語で言うと?

持ち物 **things to bring**
チケット **ticket**
ペンラ(ペンライト) **penlight**
双眼鏡 **binoculars**
うちわ **fan**

word list

推しの生誕祭 **my bias' Bday celebration**
ファンミ(ファンミーティング) **fan meeting / fan meet**
聖地巡礼 **pilgrimage**

ひとことコメント

precious
尊い

divine!
神すぎる!

ソロ活を楽しんだ

I enjoyed "solo activities."

ひとりカラオケで歌いまくった

I did a lot of solo karaoke.

おひとりさまツアーに参加した

I joined a solo tour.

ソロキャンプに挑戦した

I tried camping solo.

ひとり時間をたっぷり堪能した!

I enjoyed 'me' time very much!

Sally's notes

soloは、ひとりで何かを楽しむこと

ひとりで楽しむことを英語で**solo**と言います。日本で流行している「ソロ活」は、英語から派生したと言えるでしょう。

word list

ひとり焼肉
solo Korean BBQ

ひとり居酒屋
solo izakaya

山登りに出かけた

I went mountain climbing.

屋久島でトレッキングに挑戦した

I tried trekking in Yakushima.

念願の富士山に登った

My dream has come true! I climbed Mt. Fuji.

頂上でご来光を楽しんだ

I enjoyed the sacred sunrise at the summit.

景色がすばらしかった!

The view was magnificent!

大自然の中でリフレッシュできた

I felt refreshed in nature.

Sally's notes

go+～ing（活動すること）で…

goの後に～**ing**でアクティビティを入れて「～に出かける」の意味になります。**rafting**「ラフティング」、**diving**「ダイビング」、**canoeing**「カヌー」など好きなアクティビティをつけて使ってみて!

ランニングした

I ran / jogged.

Sally's notes

runとjog どっちを使う？

日常、トレーニングで走るのは**run**／**jog**どちらでもOKです！

今日は3km走った

I ran 3 km today.

今日はランニングをサボってしまった

I skipped running today.

ランニングシューズを新調した

I got a new pair of running shoes.

word list
ランニングウエア
running wear

ハーフマラソンにエントリーをした

I entered a half marathon race.

今日のマラソンはとてもキツかった

I felt today's marathon was really hard.

other phrases
～とてもラクに感じた
～ very easy
～とても気持ちよかった！
～ very nice!

今日はテニスをした

I played tennis today.

word list
ゴルフ　**golf**
フットサル　**futsal**
サッカー
soccer ／ football

ゴルフの練習をした

I practiced golf.

ひとことコメント
won!
勝った！

もっと練習が必要だと感じた

I needed more practice.

サッカー観戦で盛り上がった！

Watching soccer game was exciting!

今日はかなり上達した

I improved a lot today.

Sally's notes

難しかったときは

It was pretty difficult.
で「なかなか難しかった」となります。

仕事の日記

うれしかったこと、へこんだことなど、心に残った仕事の用件を日記に。
特に落ち込んだときは、自分を励ますコメントを。やる気UPにつなげて!

仕事日記⇨P.70
励ましのひとことコメント⇨P.22

今日は会議があった

We had a meeting today.

会議があまりにも長かった…
The meeting was so long...

居眠りしちゃった
I was dozing.

しかも…何も決まらなかった
Besides...we haven't decided anything.

プレゼンで緊張した
I was nervous giving the presentation.

プレゼン(発表会)の手伝いをした
I helped the presentation.

資料作りが大変だった～
Making documents was hard work.

私の企画が通った!
My proposal was accepted!

私の企画、ボツにされた…
My proposal got turned down...

自分の意見をきっぱり言えた!
I could express my opinion directly!

word list
オンラインミーティング
online meeting
リモート会議
remote meeting
朝礼
morning meeting
企画会議
planning meeting
営業会議
sales meeting

word list
お茶出し
serving tea
スケジュール調整
scheduling

仕事がうまくいった!

I did well at work!

今日は仕事がはかどった
I made good progress with work.

契約がとれた!
I got a contract!

ノルマをこなした!
I filled my quota!

上司にほめられちゃった
I got a compliment from my boss.

お得意先に喜ばれた
I made the client happy.

なんと昇進したー!
Surprisingly, I got promoted!

word list

資料作成
make a document

企画書アップ
do my proposal

報告書作成
make my report

勉強会
workshop

出張
business trip

残業
overtime work

接待
business entertaining

仕事でトラブった!

I had trouble at my work!

5分遅刻してしまった
I was five minutes late.

集客が心配だ…
I'm worried about attracting customers…

上司に迷惑をかけてしまった…
I annoyed my boss…

other phrases

売れ行きが～
sales

納期が～
delivery date

完成度が～
perfection level

ひとことコメント
I learned a lot!
いい勉強になった!

トラブルの対処に追われた
I was pressed to deal with the problem.

お得意先に書類を忘れてきてしまった
I left my documents at my client's office.

I can do it!
私にはできる!

なんでこんなことになったんだろう?
How could this happen?

とにかく仕事を終わらせよう
I'm going to finish the work anyhow.

上司にガミガミ叱られた…
My boss shouted at me...

あんなイヤミを言わなくたっていいのに…
He/She was so judgemental...

ひとことコメント
Step by step.
ゆっくり一歩ずつ

今日は出張だった
I was on a business trip today.

始発の新幹線に乗った
I got on the first Shinkansen in the morning.

6:15羽田発のJAL051便に乗った
I got on JAL051 flight departing from Haneda at 6:15.

職場のおみやげにまんじゅうを買った
I bought manju for my coworkers.

Sally's notes
始発・最終の表現
「最終(便)の〜」と言うなら **the last〜 in the evening.** また、新幹線は「高速列車」を意味する **bullet train** でも。

office

昇給した!
I got a raise!

今日は休みをとった
I took a day off today.

word list
仕事を休むこと・全休
a day off
半休
a half-day off
休暇
a vacation

今日は待ちに待った給料日!
My Payday today!

ボーナスが出た!
I got a bonus!

ひとことコメント

success!
成功!

今日は遅刻しちゃった
I was late at the office today.

夜9時まで残業だった
I worked overtime until 9:00pm.

Keep on going!
もうひと踏ん張り!

就活をした
I job-hunted.

履歴書を出した
I submitted my resume.

Sally's notes
就職の履歴書
アメリカでは仕事のスキルや学歴、職歴などを簡潔にまとめた **resume** が一般的。専門的な職歴などを書く **CV**(**curriculum vitae** の略)もあります。

転職したほうがいい?
Should I change my job?

A社に採用が決まった!
I got accepted by A Company!

就活セミナーに参加した
I joined a job-hunting seminar.

word list
＊セミナーのテーマを変えて活用を。
ビジネススキル
business skill
起業
starting a business
自己啓発
self-enlightenment

恋愛の日記

すてきな出会いや相手のタイプを言うときは、印象や性格のコメントも役立てて。恋愛の日記は、人や感情のさまざまな英語表現も覚えられます。

恋愛日記⇨P.68
人の印象・性格のコメント⇨P.28

ステキな男の人に出会った!

I met a nice guy!

Sally's notes

人の印象の表現は

「カッコいい人」と言いたい場合 **a cool / cute / hot guy** などもネイティブ女子がよく使う表現。左の例文は服のセンスのほか、「笑いのセンス」は **sense of humor,** 「〜の趣味(好み)」は **tastes of**〜に。

彼とは服のセンスが合うの
We share similar fashion sense.

彼のインスタ、フォローしちゃった
I followed his Instagram.

彼のLINEのID、知りたい
I wanna know his LINE ID.

彼、まさに好みのタイプだった!
He was exactly my type!

ひとことコメント
I'm in love!
惚れちゃった!

彼にひと目惚れしちゃった♡
I had a crush on him♡

ビビッときた!
We had chemistry!

彼女いるのかな?
Does he have a girlfriend?

絶対、彼をゲットするぞ!
Absolutely! I'll make him fall for me!

さっそく、彼にショートメールしちゃった!
I already texted him!

Sally's notes

スマホから送るメールは…

textと言い、名詞はもちろん、動詞にも使われます。**Will he text me?** で「彼はメールくれるかな?」になります。

今日は婚活パーティーだった!

I went to a matchmaking party today!

今日の街コンはイケてた～!

Today's machi-con was awesome!

ゆみも彼を狙ってたな…

Yumi seemed to like him too...

おさむくんとはイイ感じだった!

I hit it off with Osamu kun!

キュンキュンしちゃった

My heart was racing.

心臓バクバクしちゃった!

My heart was beating fast!

もじもじしちゃった

I was nervous.

彼のメッセージでテンション爆上がり!

His message got me carried away!

彼のスマホの電話番号、ゲット!

I got his smartphone number!

彼に早くまた会いたーい!

I wanna see him soon!

次こそ、頑張らなきゃ!

I'm going to try harder next time!

Sally's notes

恋愛の出会い系イベント

matchmakingはお見合いのことで、婚活パーティーを英語でいうと**matchmaking party**に。英語圏にも出会いのイベントはありますが**Meet a Mate**など、呼び方もさまざま。マッチングアプリは**dating app.**と呼ばれます。

ひとことコメント

I don't want anything!
ほかに何もいらない!

all right!
やったね!

love him lots
彼が大好き

今日は彼とデートをした♡

I had a date with him today.

彼のおかげで楽しかった
I really enjoyed spending time with him.

彼、とってもやさしかった♡
He was so gentle♡

彼も楽しかったかな?
Did he have a good time?

彼ともっと一緒にいたかったな…
I wanted to be with him longer...

次のデートはどこに行こうかな?
Where should we go for a next date?

ひとことコメント

lovey-dovey
ラブラブ

Excellent!
サイコー!

grin♪
うふふ♪

今日は彼の誕生日だった

It was my boyfriend's birthday today.

彼といっしょに過ごせて幸せ♡
I'm so happy to be with him♡

お祝いのケーキ、おいしかった!
The anniversary cake was delicious!

"ずっといっしょにいよう"と誓った
I swore "We would stay together forever."

ラブラブな一日(夜)だった♡
We had a romantic day (night)♡

Sally's notes

ネイティブ女子の幸せ表現

「彼のおかげで最高にいい日♪」**He really made my day.**「世界一シアワセ!」**I'm the happiest woman in the world.** などが、幸せ気分でハイテンションなときの定番。

彼に告られちゃった!

He asked me out!

other phrases
彼に告白しちゃった
I asked him out.

彼にプロポーズされた!
He proposed to me!

ひとことコメント
I'm crazy about you!
あなたに夢中!

今日のこと、一生忘れない
I will never forget about today.

もちろん、即OKした!
Of course, I said yes immediately!

other phrases
とりあえず　For now,
＊文頭につける。

ごめんね、悪いけど無理…
Sorry, no chance...

I got hurt...
傷ついた…

彼とケンカしちゃった

I had a fight with him.

ひとことコメント
I'll break up!
もう別れる!

今日、彼と別れた…
I broke up with him today...

なんか彼に冷めちゃった
I lost all interest in him.

Why is that?
どうして?

涙が止まらない…
I can't stop crying...

明日、彼にちゃんと謝ろう
I'm going to apologize to him tomorrow.

other phrases
彼のほうから謝るべき!
He should apologize to me!

新しい彼氏、作ってやる!
I'm going to find a new boyfriend!

お金の日記

日々の収支はもちろん、1か月の収支や予算などを海外暮らし気分で書き出して。英語と同時にお金を日々、意識するので、貯金体質になる近道!

お金日記⇨P.70

今日は給料日だった!

It was payday!

給料が上がった!

I got a raise!

お給料日まで、あと5日

I have 5 more days until payday.

やっとボーナスが出た!

I finally received a bonus!

臨時収入があった!

I made extra income!

親からおこづかいをもらった

I received an allowance from my parents.

バイト料が出た

I got paid from my part-time job.

預金口座を開設した

I opened a bank account.

通帳を見るのが楽しみ!

I look forward to seeing my bankbook!

定期預金を始めた

I started having a time-deposit account.

Sally's notes

せっかくなら家計簿がわりに

お金についての予定や感想もいいけれど、月の収支をメモするだけで簡単な家計簿がわりに。英語なら手帳に書いてもパッと見ただけではわかりにくく、費目など英会話のボキャブラリーも増えておすすめ!

other phrases

親にちょっとしたこづかいをあげた

I gave my parents a little extra money.

word list

普通預金（口座）
a savings account

積立預金
cumulative deposits

外貨預金
foreign currency deposits

5万円貯金をした

I saved 50,000yen.

ボーナスから15万円貯金した
I saved 150,000 yen from my bonus.

500円玉貯金を始めた
I started to save 500 yen in my piggy bank.

A社の株を買った
I bought stocks in A Company.

株でもうけた
I made money in the stocks.

word list

貯金・貯蓄をする
save

貯金
saving

預金・預金をする
deposit

＊円は金額の末尾にyen、
頭に¥で書いてもOK。

ひとことコメント

rich♪
お金持ち♪

yay♪
わ〜い♪

光熱費の支払い日

A utility payment day

携帯電話代を支払った
I paid for my smartphone bill.

家賃を振り込んだ
I paid for my rent through the bank.

カードの代金が口座引き落としされた
My card payment was made by direct debit.

口座からお金を3万円おろした
I withdrew 30,000yen from my account.

通帳の記帳をした
I had updated my bank book.

word list

電気代
electricity bill

ガス代
gas bill

水道代
water bill

インターネットプロバイダ代
Internet bill

チケット代
ticket bill

受講料
course fee

参加料
participation fee

月謝
monthly fee

学費
tuition

家計簿をつけ始めた

I started to keep my household accounts.

レシートはとっておくこと!

I keep the receipt!

もっと節約しよう!

I'll save more money!

電気代を節約した

I saved on my electricity bills.

お弁当を持参してランチ代を節約した

I brought my own packed lunch and saved some money.

セール品をゲットした

I got a good bargain.

1万円得をした

I saved 10,000 yen off.

お値打ちだった

It was a good deal.

夏ものの衣類を50%オフで買った

I bought summer clothes 50% off.

生活用品をクーポンで安く買った

I bought housewares cheaper with coupons.

靴をネットオークションで買った

I bought shoes on an internet auction.

word list

収入 **income**
貯金 **savings**
支出 **payment**
光熱費 **utility charges**
食費 **food expenses**
交際費 **social expenses**
衣服費 **clothing expenses**
雑費 **miscellaneous expenses**
合計 **total**
残金 **balance**

ひとことコメント

well done!
エライ!

other phrases

～をフリーマーケットで売った
I sold ～ at flea market.

衝動買いをした!

I made an impulse purchase!

ネット通販のセールで買いすぎた

I bought too much at an online shopping sale.

服をカードで買っちゃった

I bought clothes with my credit card.

シャネルのバッグをクレジットで買った

I bought a CHANEL bag on credit.

高い買い物しちゃったな～

I made a bad bargain.

今日はお金を使いすぎた…

I spent too much money today...

ムダ使いしちゃった…

I wasted money...

ちゃんと貯金しておけばよかった

I should have saved some money.

月末で金欠!!

I'm so broke at the end of the month!!

残高があと3万円しかない

I have only 30,000 yen in the account.

予算をキープしなきゃ!

I must budget!

ひとことコメント

good at managing!
やりくり上手!

I'm so broke!
超金欠!

This is bad!
ヤバい!

Sally's column 4

心が元気になる英語の名言・格言集

日記、夢や目標に添えて励みに！

そのとき心に刺さる言葉を手帳に書き写して、自分へのメッセージに。お気に入りの言葉は何度も書いて覚えて、英会話にもさらりと使うとおしゃれです。

Working & Learning 仕事や勉強

A problem is your chance
to do your best.

困難はベストを尽くすチャンス
（デューク・エリントン／アメリカの音楽家）

It's never too late
to learn.

学ぶのに遅すぎることはない

We are what
we repeatedly do.

積み重ねが自分をつくる
（アリストテレス／哲学者）

Turn your wounds
into wisdom.

あなたの傷を知恵に変えなさい
（オプラ・ウィンフリー／アメリカの司会者兼プロデューサー、慈善家）

If you think you can,
or you think you can't, you're right!

できると思えば可能だし、できないと思えば不可能だ！
（ヘンリー・フォード／アメリカの自動車王）

Money & Success お金や成功

Easy come, easy go.

得やすいものは失いやすし

We aim above the mark to hit the mark.

成功したいのなら、人並み以上の努力をするんだ
(ラルフ・ウォルド・エマーソン / アメリカの思想家・詩人)

Hope for the best and prepare for the worst.

備えあれば憂いなし

Take care to get what you like, or you will end by liking what you get.

好きなものを手に入れるように心がけよう。
さもないと、手に入れたものを好きになるのがオチだ
(ジョージ・バーナード・ショー / イギリスの劇作家)

Love 恋愛

Gather ye rosebud while you may.

命短し、恋せよ乙女

When shared, joy is doubled and sorrow halved.

分かち合えば、喜びは2倍に、悲しみは半分に

Various Things in Life 人生のいろいろ

I find the harder I work,
the more luck I have.

一生懸命やればやるほど、幸運は訪れる
(トーマス・ジェファーソン／第3代アメリカ大統領)

After night comes the day.

朝の来ない夜はない

The time to relax is when you
don't have time for it.

忙しすぎるときこそ、休むべきとき
(シドニー・ハリス／アメリカの作家)

Life is what you make it.

人生は心の持ちようでよくも悪くもなる

When it is dark enough,
you can see the stars.

暗闇でこそ星は輝く
(ラルフ・ウォルド・エマーソン／アメリカの思想家・詩人)

Variety is the spice of life.

いろいろあってこそ人生はおもしろい

そのまま使える!

英語のメッセージカード テンプレート集

ちょこっと英語で、手紙やカードを書いてみませんか?　お礼やお祝い、季節のご挨拶などにそのまま使える、英語のメッセージとイラストをご紹介。言いかえの例文もぜひご参考に!

Thank you cards

お礼のカード

贈り物をもらったときなど、感謝のメッセージを英語で書いてみて。身近な人にも新鮮です。

訳｜どうもありがとう！

in other words
言いかえると

Thank you very much.

どうもありがとうございます（よりていねい）

Thanks a lot!

ありがとね！

訳｜心遣いをありがとう

in other words
言いかえると

I really appreciate your kindness.

心遣いに感謝いたします（よりていねい）

Warm Thanks.

心からの感謝を込めて

訳｜支えてくれて ありがとう

訳｜ありがとう、愛を込めて

訳｜よかったらどうぞ！
（親しい人へのプチギフトなどに）

in other words
言いかえると

For you with love
愛を込めて贈ります

To my best friend,
from Sally.
大切な友へ、サリーより

訳｜あなたのおかげで幸せ♡
ありがとう

訳｜すてきな笑顔をいつもありがとう

訳｜いろいろとありがとう！

訳｜誘ってくれてありがとう

Birthday cards

誕生日のカード

プレゼントに添えたり、カードだけ贈る場合も、
こんな英語を添えるとちょっとおしゃれ。

訳 お誕生日おめでとう、
特別な日を楽しんでね！

in other words
言いかえると

Have a great birthday!
ステキな誕生日をお過ごしください

Count your many blessings,
when counting candles on your cake.
ケーキのろうそくの数だけ、たくさんの祝福を数えてね

Best wishes for your 20th birthday!
20歳のお誕生日おめでとう！
（年齢をあえて入れたい身内や親友などに）

Filled with joy that never ends.
いつまでもずっと、喜びに包まれますように

Happy Halloween cards
ハロウィーンのカード

10月31日の晩、アメリカの子供たちが近所の家々を回るときの定番フレーズをカードに!

訳　ハッピー・ハロウィーン!
楽しいトリック・オア・トリート(お菓子をくれないといたずらするぞ)を♪

in other words
言いかえると

Ghost wants to wish you a happy Halloween!
オバケもハッピー・ハロウィーンを祈ってますよ!

I am hoping you have a great Halloween. Stay safe!
とびきりのハロウィーンをお過ごしください。気をつけて!

St. Valentine's day cards
バレンタインデーのカード

欧米では日頃の愛や感謝を伝える行事。
ネイティブ流の言い回しで愛を伝えてみて。

訳　ハッピー・バレンタインデー!
私の大切な人になって、永遠に

in other words
言いかえると

I always think about you. Today, let me try to say...I like you very much!
いつもあなたのことを思っています。この日に思いきって告白します…あなたが大好き!

Your love makes my life so much more interesting and fulfilling.
あなたの愛は、私の人生をいっそう楽しく充実させてくれます

Christmas & New Year cards

クリスマス&新年のカード

欧米のクリスマスカードは、いわば日本の年賀状。
ネイティブ風に年賀状にかえて送ってみては!

訳｜季節のご挨拶です
すてきなクリスマスと新年をお迎えください!

訳｜メリークリスマス&
新年おめでとう!
楽しい休暇を!

in other words
言いかえると

I wish you a Merry Christmas and a Happy New Year.
すてきなクリスマスと新年をお祈り申し上げます（よりていねい）

Blessings, love, and peace to you this Christmas.
今年のクリスマス、あなたに祝福と愛と平安がありますように

May the New Year bring you smiles and happiness!
新しい年が、あなたに笑顔と幸せをもたらしますように！

Hoping you are surrounded by love and warmth this holiday season.
愛と温もりに包まれた冬休みが過ごせますように

パーティーの招待状も英語で！

訳
クリスマスパーティーにお招きします！
日付：12月23日
時刻：午後7時～
場所：サリーの自宅

in other words
言いかえると

Please R.S.V.P. to Sally by Dec.15.
12月15日までにサリーへ出欠の返事をください。
（招待状などに添える。R.S.V.P.は返事を頼む仏語由来の略語）

You're invited to our year-end party.
忘年会にお招きします

You're invited to Yumi's birthday party.
ゆみの誕生日パーティーにお招きします

Wedding cards
結婚祝いのカード

レディファーストの文化から「新郎新婦」と書く場合、Groom（新郎）よりBride（新婦）が先に！

訳　ご結婚おめでとう！
新郎新婦のお二人の
ご多幸をお祈りします

in other words
言いかえると

Finally, you've found Mr.Right!
とうとう理想の男性を見つけたのね！

Thank you for letting us be part of your special day.
私達を特別な日の一部にしてくれてありがとう（結婚式に出席する場合）

New baby cards
出産祝いのカード

ネイティブはカードにママやパパを励まし、ユーモアのあるお祝いの言葉を添えて贈ります。

訳　赤ちゃんご誕生
おめでとうございます！
息子さん（お嬢さん）が
愛と喜びをもたらして
くれますように

in other words
言いかえると

Your life will never be the same, but you will love the change.
あなたの人生が一変するでしょうね、でもその違いが愛おしいことでしょう

Looking forward to meeting him (her) soon.
赤ちゃんに会えるのが楽しみです（男の子はhim、女の子はherに）

New home cards
新居祝いのカード

新居に招かれたら、プレゼントといっしょに楽しいカードを送ってムードを盛り上げて。

訳｜新居を楽しんで！

in other words
言いかえると

Congratulations on your new home!

新居への引っ越しおめでとう！

Best wishes in your new house (apartment).

新しい家（マンション）への引っ越しをお祝いいたします

Congratulations on your new job cards
就職祝いのカード

新卒者の就職でも転職でも、新しい仕事はnew jobでOK。
新しい門出を応援するメッセージを！

訳｜就職（転職）おめでとう！
新しい仕事があなたを
必要としていますよ！

in other words
言いかえると

Good luck with your new job!

新しい仕事がんばって！

A new job is like a blank book and you are the author!

新しい仕事はいわば白紙の本、作家はあなたよ！

50音順 動詞INDEX

本書のPart2・3・5に登場している、おもな動詞の和訳を50音順にまとめました。
各単語の現在形と過去形を表示してあるので、
知りたい言葉の検索や、英語日記を書くのに活用してください！

和訳	現在形・原形	過去形	掲載ページ
お弁当を作る	pack a lunch	packed a lunch	107
お参りする	pay a visit	paid a visit	106
思う	think	thought	102
終わる	finish	finished	105・106・116
か			
解散する	disband	disbanded	111
買いだめする	stock up on	stocked up on	55
買い物に出かける	go shopping	went shopping	55
買う	buy	bought	43・55・57・59・63 103・108・109・110 116・123・124・125
帰る	go back to	went back to	55
書く	write	wrote	105
カラオケをする	do karaoke	did karaoke	112
(〜に)感動する	be impressed by	was/were impressed by	111
感動する	be moved	was / were moved	18・59
がんばる	do one's best	did one's best	104
キープする	keep	kept	60
聞く	listen	listened	42・108
聞く	hear	heard	42
キュン死する	be lovestruck	was/were lovestruck	110
ゲームをする	play games	played games	53
結婚する	get married	got married	35
ゲットする	get	got	105・110・119・124
ケンカする	have an argument	had an argument	55
ケンカする	have a fight	had a fight	121
健康診断を受ける	have a checkup	had a checkup	65
検索する	search for	searched for	103
超える	exceed	exceeded	60
コピーする	copy	copied	105
困らせる(迷惑をかける)	annoy	annoyed	115
衣替えをする	change one’s wardrobe	changed one’s wardrobe	54

和訳	現在形・原形	過去形	掲載ページ
さ			
誘う	invite	Invited	58
サボる	skip	skipped	52·113
参加する	participate	participated	102·103·105·110
参加する	join	joined	112·117
参加する・出席する	attend	attended	105
残業する	work overtime	worked overtime	117
散歩する	take a walk	took a walk	109
散歩へ出かける	go for a walk	went for a walk	54
叱る(叫ぶ)	shout	shouted	116
刺激する	stimulate	stimulated	59
試験を受ける	take an exam	took an exam	104
時差ボケする	be jet-lagged	was/were jet-lagged	52
持参する	bring	brought	124
支払う	pay	paid	123
シビれる	freak out	freaked out	108
写真を撮る	take a photo	took a photo	109
シャワーを浴びる	take a shower	took a shower	51
就活をする	job-hunt	job-hunted	117
準備をする	prepare	prepared	111
昇給する	get a raise	got a raise	117·122
昇進する	get promoted	got promoted	115
上達する	improve	improved	102·113
知る	know	knew	118
新幹線に乗る	get on Shinkansen	got on Shinkansen	116
心配する	be worried	was / were worried	115
過ごす	stay	stayed	54
ストレスを発散する	release one's stress	released one's stress	56
ストレッチをする	stretch	stretched	60
～する	do	did	51
節約する	save	saved	124
掃除をする	clean	cleaned	54
卒業する	graduate	graduated	111

和訳	現在形・原形	過去形	掲載ページ
た			
訪ねる	visit	visited	55
楽しむ	enjoy	enjoyed	46•57•112•120
頼む(注文する)	order	ordered	53•58
食べる	have / eat	had / ate	36•40•53•58•106
ダンスをする	dance	danced	60
チェックする	check	checked	110
誓う	swear	swore	120
遅刻する	be late	was/were late	51•115•117
挑戦する	try	tried	107•112
貯金する	save	saved	123•125
ツイートする	tweet	tweeted	103
(お金などを)使いすぎる	spend too much	spent too much	125
作る	make	made	53•107
連れて来る	bring	brought	55
出会う	meet	met	118
提出する	submit	submitted	117
デートをする	have a date	had a date	45•120
出かける	go out	went out	54
(友達が)できる	make a friend	made a friend	56
できる(やりとげる)	make it	made it	18•104
手伝う	help	helped	114
手に入れる•得る	get	got	43•115
テニスをする	play tennis	played tennis	113
デビューする	make debut	made debut	111
投稿する(書き込む)	post	posted	103•107
とっておく	keep	kept	124
な			
泣く	cry	cried	53•59•110
成しとげる	accomplish	accomplished	105
2泊する	stay for two nights	stayed for two nights	106
荷物が届く	get a package	got a package	55
沼落ちする•ハマる	be into	was/were into	110
寝落ち(ウトウト)する	fall asleep	fell asleep	26•52•62

和訳	現在形・原形	過去形	掲載ページ
寝坊する	oversleep	overslept	51
眠る	sleep	slept	52
寝る	go to bed	went to bed	52・53
登る	climb	climbed	112
飲み過ぎる	drink too much	drank too much	56
飲む	have	had	40
飲む	drink	drank	56
のんびりできる	be able to relax	was/were able to relax	50
は			
爆笑する(ウケる)	laugh one's head off	laughed one's head off	18・59
始める	start	started	122・123・124
走る	run	ran	113
働く	work	worked	110
話す	speak	spoke	103
ハマる・沼落ちする	be into	was/were into	110
早起きする	wake up early	woke up early	51
(お金を)引き出す	withdraw	withdrew	123
びっくりする	be surprised	was/were surprised	20・35
開く	open	opened	122
昼寝する	have a nap	had a nap	54
フォローする	follow	followed	118
不合格になる	fail	failed	104
プロポーズする	propose	proposed	121
ヘトヘトに疲れる	be exhausted	was/were exhausted	50
(体重が)減る	lose	lost	60
勉強する	study	studied	103・105
勉強をがんばる	study hard	studied hard	104
保湿する	moisturize	moisturized	61
ま			
待ち合わせする	meet up	met up	58
マッサージを受ける	get a message	got a massage	62
学ぶ(勉強になる)	learn	learned	22・102
(植物に)水をあげる	water	watered	51

和訳	現在形・原形	過去形	掲載ページ
見つける	find	found	121
見る	see	saw	41・65・106
観る・見る	watch	watched	41・54・58
ムダ使いする	waste money	wasted money	125
(スマホで)メールをする	text	texted	118
目が合う	make eye contact	made eye contact	111
目覚める	wake up	woke up	20・51
メッセージを送る	send a message	sent a message	44
申し込む	apply	applied	102・104
模様替えをする	rearrange	rearranged	54
もらう	receive	received	122
や			
(パンなどを)焼く	bake	baked	107
休みをとる	take a day off	took a day off	65・117
休む	take a rest	took a rest	50
やり終える	finish	finished	47
有給休暇をとる	take a paid leave	took a paid leave	111
予習をする	prepare	prepared	102
酔っぱらう	get drunk	got drunk	57
夜ふかしする	stay up late	stayed up late	53
予約する	pre-order	pre-ordered	111
ら			
ランチをする	have lunch	had lunch	58
ランニングする	run	ran	60・113
ランニングに出かける	go running	went running	51
リフレッシュする	refresh oneself	refreshed oneself	50
料理をする	cook	cooked	53
旅行をする	take a trip	took a trip	106
練習をする	practice	practiced	113
わ			
別れる	break up	broke up	121
忘れる	forget	forgot	21・52・121

著者 神林サリー《かんばやしさりー》

Sally's English Lesson主宰。英会話講師、英語学習カウンセラー、英語学習本作家。 大学の専門は英米文学。アメリカ留学後、モデルをしながら通訳・翻訳学校でプロの英語を習得。オーストラリアでの就労経験や、大手英会話学校の講師、外資系金融の秘書、営業、通訳などのビジネス経験を活かして、現在はフリーの英語インストラクターとして活躍。レッスンや講演会、セミナー開催、教材作成、本やブログなどの執筆などに携わる日々。趣味は英語のJOKE集め。カレー部部長。ブログ「SallyのバイリンガルDiary ～人生ワンランクアップさせる一日6分の英語講座～」（https://ameblo.jp/becomebilingual/）が人気。著書に『英語が身につく"ひとこと"手帳』『みるだけですぐわかる！中学英語まとめイラスト』（ともに永岡書店）ほか、『イケメン英会話フレーズ』（西東社）、『たったひとことでモテる英語の伝え方』（技術評論社）、『Sally先生のバイリンガル英会話学習法』『英語でショート・スピーチ』（ともに研究社）など。

＊本書は『英語で手帳にちょこっと日記を書こう』に加筆・修正を行って再編集し、改題したものです。

参考文献：
『人生が変わる英語の名言』
晴山陽一著：青春文庫
『英語で読む世界の名言～英語で人生を学ぶ～』ディビッド・セイン著：アスコム

Staff

デザイン……門松清香
イラスト……やのひろこ
　　　　　　田中麻里子
撮影……田中庸介（アフロ）
プロフィール
　写真撮影…安河内哲也
スタイリング…伊藤みき
校正……くすのき舎
編集……山﨑さちこ
　　　　堀井明日香（シェルト＊ゴ）

英語ではじめる
"ちょこっと"日記

2023年9月10日　第1刷発行

著　者　神林サリー
発行者　永岡純一
発行所　株式会社永岡書店
〒176-8518
東京都練馬区豊玉上1-7-14
代　表　03-3992-5155
編　集　03-3992-7191

ＤＴＰ　センターメディア
印　刷　精文堂印刷
製　本　ヤマナカ製本

ISBN　978-4-522-44100-8　C2076